2020年度广西职业教育教学改革研究项目"基于大师工作室条件下旅游职教'1+3'产教融合模式的创新研究"（GXGZJG2020A011）

基于大师工作室条件下旅游职教"1+3"产教融合模式的创新研究

郑忠阳　著

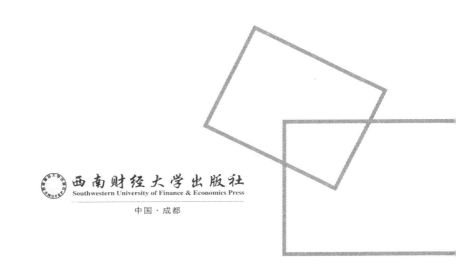

西南财经大学出版社
Southwestern University of Finance & Economics Press

中国·成都

图书在版编目(CIP)数据

基于大师工作室条件下旅游职教"1+3"产教融合模式的创新研究/
郑忠阳著.—成都:西南财经大学出版社,2022.12
ISBN 978-7-5504-5357-9

Ⅰ.①基… Ⅱ.①郑… Ⅲ.①高等职业教育—旅游经济—经济管
理—产学合作—研究—中国 Ⅳ.①F590

中国版本图书馆 CIP 数据核字(2022)第 088956 号

基于大师工作室条件下旅游职教"1+3"产教融合模式的创新研究

JIYU DASHI GONGZUOSHI TIAOJIANXIA LÜYOU ZHIJIAO"1+3"CHANJIAORONGHE MOSHI DE CHUANGXIN YANJIU

郑忠阳 著

责任编辑:杨婧颖
责任校对:雷 静
封面设计:张姗姗
责任印制:朱曼丽

出版发行	西南财经大学出版社(四川省成都市光华村街 55 号)
网 址	http://cbs.swufe.edu.cn
电子邮件	bookcj@swufe.edu.cn
邮政编码	610074
电 话	028-87353785
照 排	四川胜翔数码印务设计有限公司
印 刷	郫县犀浦印刷厂
成品尺寸	165mm×230mm
印 张	6.75
字 数	62 千字
版 次	2022 年 12 月第 1 版
印 次	2022 年 12 月第 1 次印刷
书 号	ISBN 978-7-5504-5357-9
定 价	48.00 元

序　言

　　2022年春节前夕，终于完成了本书的写作。春风又起的日子里，坚守在疫情防控一线，驻守在防疫隔离点里，一边工作，一边写作的我，忽然觉得这一切很值得纪念，毕竟文旅行业在疫情中遭受重创，而这本与旅游职业教育相关的小册子，也许是另一种防疫抗疫的纪念吧。

　　笔者于7年前着手写这本书，试图对旅游企业与高职院校的合作事宜做一些探讨。但因为文旅融合和全域旅游发展等旅游行业变化，笔者在写作中不断进行了一些新的研究验证，后来又赶上了2020年年初的新冠肺炎疫情，旅游业遭受重创，旅游行业与旅游职业教育都经受着新的考验。旅游职业教育的产教融合发生了很大变化，笔者对本书的内容陆续进行新的探索和补充。断断续续，直到2022年春节前，因为在南宁市西乡塘区文化广电体育和旅游局挂职锻炼，笔者进入新冠肺炎疫情防疫隔离点工作，在防疫工作中度过春节并利用工作间隙完成全书的写作。

从 2006 年开始，笔者逐步专注于旅游职业教育与产业接轨的问题，其间尝试过参与旅行社日常业务、旅游网站的建设与运营，也带领学生创办过旅游类公司，试图在实践中发掘旅游职业教育与旅游产业零距离接轨并真正融合的秘诀。事实上，不同的行业领域与职业教育开展产教融合是不可能完全采用相同方式的。高职教育建设初期，理工科高职专业建设学习德国的经验取得了不错的成就，但对于中国的旅游职业教育来说，我们还需要做合理的探索。进行产教融合的基本目的就是要根据具体的产业特点来确定和修正职业教育的教育目标和教学内容。中国的旅游业是极具中国特色的，且发展速度极快。如何寻找一条合理的途径，或是用一种合理的方式，将旅游产业不断变化发展的实际运营过程、经营内容和大多数的岗位技能要求，引入旅游职业教育中，是本书首先要解决的问题。

在旅游职业教育实践中，笔者注意到各种技能大师工作室进入校园后的一些问题，开始思考其改良途径。笔者创建以校内教师为主导的"双主体"大师工作室，通过发挥旅游新业态中的各种企业优势，与创新创业工作融合，进行旅游职教的产教融合模式探索，逐步形成的基于"双主体"大师工作室条件下的一些产教融合经验，笔者称之为旅游职教"1+3"产教融合模式。其中的"1"是指由校内教师主导组建的双主体大师工作室。在此工作室引领下，从三个与"学"相关的过程开展产教融合实践，内容包括：吸引企业实际项目入校成为生产性实训；学生创业实践开展研究性学习；学校整理生产性教学资源反哺教学。

这一旅游职教产教融合模式，通过建设"双主体"大师工作室，组织大学生创新创业实训营开展创新创业活动，链接企业业务实际，通过微观的企业需求将局部的产业内容与职业教育过程有机结合；再通过旅游产业链上的多个小微企业为旅游职业教育提供完整的产业形态样本，使旅游职业教育嵌入旅游产业的发展中，从而形成一体化的产教协同体系。

从初期探索到申报课题，从理论研究到实践验证，笔者前后得到了黑龙江旅游职业技术学院、广西国际商务职业技术学院的众多领导、同事的支持和帮助，在此一并感谢。

期待这本书能对旅游职教的产教融合探索起到抛砖引玉的作用，期待这些探索能够助力更多的旅游职业教育工作者找到自己的产教融合途径。

郑忠阳

2022 年 3 月

目　录

1 关于职业教育与产教融合

也许是与职业教育有缘分，我大学毕业就进入了企业，并被安排到一个特殊的岗位——一边在生产一线工作，一边参与职工的培训工作。即使在后来的继续学习过程中，我的工作与学习也都没能离开这种企业+教育的双重环境，寒来暑往，将近 20 年。后来，我进入高职院校从事职业教育工作，还是喜欢把企业与学校的工作链接在一起，这也许就是我执着于产教融合探索的原因吧。我对产教融合的初步认识是从做学徒的时候开始的，我的第一个师父是我入职见习期的装配师傅。他在大型设备现场安装方面是一位权威人物。本来以为大学毕业可以大干一番事业的我，在进入工作岗位后才发现，施工现场的一切对我来说，都很陌生，它们与书本上理论的描述的差距太大了。于是，我向师父重新学习了一遍现场装配的技术和操作。从此我就开始注意到理论教学与实践的关系问题，尤其是在职工培训工作以及后来的高职教育工作中，我对产教融合的重要性感受更深了。

就产教融合这个词本身而言，它是一个很宽泛的词，一般来说广义的产教融合可以是指教育部门与各种产业的生产过程、创新技术、产业理念、管理制度、操作规范等相融共生、协同地运行合作。其本质上是指某一产业内的企业资源与相关教育行业的教育活动的协作融合，其中涵盖双方资源的融合、管理的融合，以及具体经济活动与教育活动的融合，等等。但是，当前高等教育领域中的产教融合一般指的是相对狭义的范畴或者微观情境中的产教融合，往往仅限于一定范围的企业和高校的融通合作。这种融合比较多地体现在某一产业领域内的企业和相关中高等（包括中等职业院校，普通高中目前案例不多）院校，将各自的一部分实际资源拿出来进行合作或者共用、协同，完成一些具体的项目，以达到资源互补、协同发展、共生共赢的目的。

产教融合的规模和层级可以完全不同，既可以大到企业与职业院校成立某领域的产业学院，直接使用企业资源培养一批专业的学生，也可以小到一个实习、实训的合作项目。例如，某家酒店公司将它的部分客房打包，与某旅游职业教育院校的酒店管理专业进行合作，成立实习酒店。该实习酒店由企业资深员工进行指导，职业教育院校学生参与运营。学生的客房管理、前台服务等课程在酒店现场完成。学生要遵守酒店（企业）的相关管理制度，在这个过程中，他们不仅能学习到理论知识，还能直接在真实商务环境下参加实训。企业获得了经营利润，学生获得实训实践机会，学校开展了生产性实训项目。在这个合作中，企业和学校双方都能受益，学生获得了最实际的教育机会，这是产教融合的一个微观合作情景。

职业教育中的产教融合历史很悠久，但最新一轮的职业教育产教融合的探索和实践，应该要从 2017 年 10 月 18 日开始算起。当时，习近平总书记在党的十九大报告中指出要深化产教融合。到 2017 年年底，国务院办公厅印发《关于深化产教融合的若干意见》，明确了深化产教融合的政策内涵及制度框架，完善顶层设计，强调发挥政府统筹规划、企业重要主体、人才培养改革主线、社会组织等供需对接作用搭建"四位一体"制度架构，推动产教融合从发展理念向制度供给落地，职业教育的产教融合工作开始进入新阶段。

在产教融合过程中，学校借助企业的产业资源，获得真实、先进的实践条件与生产经营环境，并将这些资源用于师资队伍建设、人才培养、科研和服务社会等方面。并且，因为这个进程融入了产业实际，所以提高了人才培养质量和就业质量、提升了师资队伍教学和科研能力、提高了学生服务经济社会的能力。而企业则收获了来自学校的技术支持、人力资源储备，以获得生产服务水平的提升和人力成本的合理降低，甚至还能获得部分教育事业的收益。

1.1　职业教育中的产教融合

虽然从教育的角度解读当前国家倡导产教融合的目标是深化教育改革，但从产业发展的角度看，产教融合的终极目标是为职业教育提供真实的生产性教学环境，以提高和增加社会上职业技能型人才的质量和数量，为产业的发展奠定基础。

一般来说，开展产教融合的学校主要是各类职业院校，包括中等职业院校、高等职业技术学院和职业教育的本科院校，以及部分普通学历教育高校，一般不涉及普通教育的九年义务制教育阶段的学校和普通高中。

国务院办公厅《关于深化产教融合的若干意见》指出，全面贯彻党的十九大精神，坚持以习近平新时代中国特色社会主义思想为指导，深化职业教育、高等教育等改革，促进人才培养供给侧和产业需求侧结构要素全方位融合，培养大批高素质创新人才和技术技能人才，加快建设实体经济、科技创新、现代金融、人力资源协同发展的产业体系。紧紧围绕统筹推进"五位一体"总体布局和协调推进"四个全面"战略布局，坚持以人民为中心，坚持新发展理念，认真落实党中央、国务院关于教育综合改革的决策部署，深化职业教育、高等教育等改革，发挥企业重要主体作用，促进人才培养供给侧和产业需求侧结构要素全方位融合，培养大批高素质创新人才和技术技能人才，为加快建设实体经济、科技创新、现代金融、人力资源协同发展的产业体系，增强产业核心竞争力，汇聚发展新动能提供有力支撑。这其中显然也强调了产教融合的主要参与者。但当我们仔细思考职业教育、高等教育的产教融合活动，可以清楚地发现，职业教育中的产教融合，往往不像普通高校与企业之间的合作看起来那样"高大上"，因为职业教育中的产教融合中没有太多的科研成果和重大项目做支撑，它更接近于生产一线的实际技能操作。

在职业教育校企双方的深度融合中，要注意其不是简单的合作和共享资源，更重要的是，双方的资源要进行细分和重组，要发生"化学反应"，要能够形成对企业和学校都有益的新资源。职业教育更多地涉及一线生产或者终端商务内容，使得职业院校和企业在融合发展中，更容易形成你中有我、我中有你，协同融合，不断创新的局面。

鉴于校企双方在融合领域、合作方向和人才适应相关岗位等方面的特点，我们可以对其进行特定的定义，即职业教育中的产教融合是基于共赢发展的思路，职业院校与其相关专业行业内的企业，面向生产一线和部分二线岗位的工作实际，共同开展的具有职业教育目的的相互渗透、融合共生的产学双关的活动。

从经济效益或者社会效益的角度看，在职业教育的产教融合中，学校能否帮助企业发展和为企业带来不局限于经济范围内的价值，是企业是否愿意开展产教融合的关键所在。而企业能否为教育教学提供某产业最先进的经营理念、产业环境、技术技能等，是学校是否选择与企业合作的前提。

近年来，学者们对职业教育的产教融合探索越来越多，越来越实际。国家和社会也给予了这个领域更多的关注。产教融合在职业院校的实施，要以共建共赢为原则，比较常见的实施办法就是职业院校与当地技术先进的企业进行合作，双方利用学校设备，设定产教计划，重点解决企业生产和学生实训教学时间分配之间的矛盾、企业期望过高与学生实技操作能力不足之间的矛盾、高职学生人数多与生产设备少之间的矛盾。

例如，中国教育发展战略学会发布的《关于公布 2021 年产教融合校企合作典型案例名单的公告》中，柳州职业技术学院报送了《聚力融合，科技协同助力地方产业转型升级——柳州职业技术学院协同创新研究院建设案例》，该案例以柳州市区域产业需求为导向，以体制机制改革引领协同创新，不断探索协同创新的路径和支持环境，形成了人才融合、技术融合、文化融合、设备共享、平台共享、成果共享、利益共享的"三融合四共享"发展模式，建立了集技术创新、人才培养、成果转化、创新创业为一体的科技服务平台；柳州市引进14个入驻企业及创新团队，累计开展技术研发和科技攻关项目400余项，助力企业实现科技成果转化63项，有效推动了学校科研水平提升，构建了协同创新发展的新形态。不同的产教融合案例有着不同的特点，但它们有一个共同点是产教融合落实在实践中，产教双方的融合都体现在某些学校和某些企业之间具体的协作方式上，融合本身一定是基于共赢的，双方均能获得包括且不限于经济利益、社会效益的收益以及教育成果。

基于产教融合的办学模式有利于培养学生的创造力。产教融合通过专业教育的产业化场景，为高职学生提供了必要的生产实践环境，学生能够将书本中学到的专业知识真正运用到实践中去。学生在理论与实践对照和知识的物化过程中，必然能够加深对专业知识的理解，提升自己解决实际问题的能力。产教融合能激发学生们在实践中不断创新，提升其创造能力。

产教融合的教学过程有利于提升职业院校专业老师的业务能力。因为它不仅为高职学生提供了实践机会，也为老师们应用能力的提升创造了条件。职业院校中有很多中青年教师是高校毕业直接进入学校工作的，他们的理论知识丰富，但是实际操作能力水平有待提高。通过产教融合，更多的老师也可以在实践中不断提高自身的业务能力水平，熟悉产业，提高技能。

职业教育是以培养职业对口的人才为目标的教育，应以培养大量产业需要的技能型、应用型人才为己任。在产教融合中，校企双方共同作为人才培养的主体，由职业院校为引领协同育人，有利于高职教育的健康发展。产教融合是职业院校的集人才培养、科学研究、科技服务为一体的办学模式。

这种融合，通过职业素质、应用能力、技能进阶能力的教育与产业中主流企业的用人需求的融合衔接，实现教与产的相互促进和支持；通过合理的运行载体，根据职业教育院校中所设的专业，依托具体课程和实践实训，把产业与教学密切结合起来，实现校企之间相互支持、相互促进。

1.2 职业教育开展产教融合的天然优势

历史上，那些自然产生的职业教育过程，本来就是产教融合的产物。那时职业教育的教学内容基本都是源于生产实际，技能传授都采用真实环境下工学结合的方式。

在人类社会生产力水平不断提升和经济不断发展的过程中，人们意识到应该对逐步形成的生存和劳动技能进行总结和积累，并通过一些方式传承下来，以提升劳动者的劳动能力，于是业界逐步形成了一种劳动技能传承活动。社会不断发展，这种活动逐步有了规律和一定的合理方式，这就是职业教育的雏形。

为了获得经验和技能，人类最初相互模仿、借鉴创新，逐步有了汇总、总结。这是人类的劳动逐步规律化、技能逐步具备技术含量，劳动活动不断社会化的必然结果。这种总结出来的经验被不断传递，提高了劳动效率。但大多数技能传授限于子承父业，并世代相传。这也是中国古代职业教育的主要形式。

由于劳动技能传承需求不断扩大，专门化的培训行为也随之出现了，使得一些技能能够保存、流传、发展和延续。例如，墨子在青年时代做工匠时，是手工机械制造的能手，会造车，善造守城器械。他又是很有文化教养的人，博览群书，有丰富的科学技术知识。他长期聚徒讲学，传授技艺。他的弟子有300余人，所用的教材即《墨经》。这一时期，私人办学兴盛。比如，鲁班门徒众多，以传授建筑、制作工具等为主，这些原始的私人教学形式实际就是"职业教育"的前身。当时的教学多半都是以学徒制的方式进行，学徒通过拜师的形式学习技艺，跟随师傅一边学习手艺，一边从事劳动。我国很多手工技艺、物质文化遗产得以延续、保存并流传至今，学徒制功不可没。在当时的生产力条件下，学徒制促进了产业发展，也使职业教育逐渐完善。学徒制传授技艺的方式，就是边干边学，理论与实训相结合，这与现在的产教融合的思路是一致的。

东汉末年，鸿都门学成立，它是一所专门教授尺牍和字画的艺术学校，也是中国历史上第一所专科学校。公元 443 年，第一所中医专业职业学校出现；到了唐朝时期，各级中央和地方都建立了分类齐全，学制和内容统一的职业教育体系。这些教育机构有的是官府承办的，有些是官府和民众合办的。到了宋朝，职业教育的内容增加了武学和画学，制定了专门的教育制度并开始配备专业的教学教材。当时，由官方主办的职业教育机构很多，涉及的职业教育内容广泛，涵盖国计民生的各个领域：天文地理、冶炼铸造、农耕养殖、兵器制造、医疗药理等。职业教育的内容中典型的有乐、射、御、书、数等多方面的内容，每一项又分为各个小的领域单独所指的内容。到了元朝，职业教育的内容更加丰富，单单就农耕方面来讲，元朝统治者设立了专门机构，又分别针对农田、水利、树艺、养殖、水产等多个领域设立了单独的培训机构。

可见，职业教育的内容本来就是源于产业的发展需要，与产业发展息息相关的，其中大部分内容首先是来自社会生产的实际，经过梳理和总结而得到的。而职业教育形式也是融合了生产的实际过程。在结合生产实际的基础上，教师用实验、工具、图解等多样化的方法开展教育教学。职业教育强调"博通物理"的辩证思想，教师通过把握普遍规律，帮助学生掌握各种技艺，学生再将所学技能应用到生产和生活中去。职业教育的技术也在逐步发展中成为部分技能分解训练。实操技能训练融于劳动过程，但大都不会脱离实际生产环境和要求。所以职业教育天然就是产教融合的产物。从这个角度讲，笔者把产教融合看作一种教育体系进行普通教育与职业教育两个类型细分后，在面向产业应用型和技能型人才培养时产生的职业教育回归和升级。

新的职业教育法已经把职业教育院校与普通高等院校的教育目标、教育方法明显区别、分化开来。为了适应时代的进步和产业的不断细分，职业教育更多地强调培育实践型人才、应用型人才和综合型人才。职业教育从某种意义上再次回归产业用人实际，重启了传统的职业人才培养情景中学以致用的朴素目标，但在教育方法、教育理念、教育内容和教育层次上有了升华，在产教融合背景下，职业教育已形成学校、企业、学生共赢的新局面。这也是如今的职业教育更重视产教融合的原因。

深度开展产教融合是当前职业院校面临的重要任务，既要让学生学到丰富的专业知识，又要帮助学生提前适应社会环境和未来的工作环境，为学生顺利就业打下坚实的基础。

1.3 职业院校在产教融合方面的探索

职业教育已经进入一个新的发展阶段，它肩负着产业发展人才培养和民族振兴教育的双重使命，既要符合产业发展的要求，也要担负三全教育的责任。这就要求我们在实施教育教学中所使用的教学资源要接近甚至同步于产业实际，融入思政教育。教学资源符合产业发展要求，一方面要求我们采用产业标准和规范开展教学以提高教学的实用性，使用最贴近产业实际的教育资源，提升职业教育的质量；另一方面，职业教育也要通过产教融合，将职业素养、职业道德和职业生涯教育融合起来，把产教融合的作用发挥到极致。

参看世界上大多数经济发达的国家，其职业教育都极具特色的产教融合基础，甚至有的国家还从法律的角度引领职业教育的产教融合。在德国，政府以法律法规来保障行业组织参与职业教育，政府充分发挥宏观调控作用，强调行业组织在职业教育中的主导作用。在澳大利亚，行业组织参与职业教育的模式则是以行业为主导，职业院校的教育活动通过行业组织直接介入、渗透到行业中，具有鲜明的职业教育办学特色。在美国，社区学院是典型的职业教育机构。美国通过颁布一系列法律，要求社区学院与行业企业必须建立合作关系，通过法律详细规定，在职业教育实施过程中相关的职业标准、培训方法、技能技术相应的评价指标体系的制订等都必须有行业组织参与完成。在加拿大，社区学院是其主要的职业教育机构，而且各社区学院可以自愿加入社区学院协会（AC-CC），这个协会与行业组织指导委员会进行协作，双方协同制定行业标准和推进技术创新，以提升加拿大各行业劳动力的质量。

产教融合显然在职业教育中有着核心的地位，《国家职业教育改革实施方案》（以下简称"职教20条"）发布后，业界对于产教融合模式的探索，从模仿阶段逐步进入中国模式的阶段。目前的一种主要模式是企业资本投入或介入职业教育，通过合理的合作办学实现产教融合。企业深入教育，职业院校节约了成本，直接获得了部分宝贵的教学资源。但这一模式对企业规模要求高，种类限制多，普及面窄，因此产教融合的成功案例较少。另外一种模式是学习德国双元制思路，长期密切合作的学校和企业在"生产、研究、学习、教学"几个方面协同合作。在这种模式下，企业资源大量转化为教学资源，教学效果明显。但这种模式也要求学校有足够多的企业合作支持，且要求企业自身实力较强，有一定的教育情怀。在国外职业教育产教融合成功经验中，不乏靠法律和政策的支持来保障产教融合实现的案例。然而，国内关于产教融合多以文件指导，缺乏具体可操作的法律法规和实施细则，导致学校和企业合作基础松散，缺乏政策性宏观调配，因此合作过程中出现了"学校热、企业冷"的现象。而且，目前产教融合多是短期行为，随着时间的推移逐渐流于形式，造成时间和人力成本耗费。

通过不断的学习、实践与总结，国内职业教育理念已经成熟。我国职业教育在不断探索中取得了不少成果，当然其中也有很多不完善之处。产教融合的根本意义是提供职业教育所需的、与产业需求同步匹配的教育资源。中国的职业院校结合中国产业实际，采用符合实际的产教融合模式，以获得宝贵的职业教育资源，这是职业教育成功的关键。在新冠肺炎疫情重创旅游产业的背景下，旅游职业教育的产教融合问题更加值得我们的重视。

2 旅游职业教育的产教融合与生产性实训创新

随着文化和旅游产业的快速发展和变化，旅游职业教育内容也总是日新月异。文化和旅游产业的融合，促进着旅游新业态的高速发展；全域旅游理念的逐步普及和智慧旅游技术的不断创新和应用，使得文旅产业的生产服务内容迅速转变，从原来的以基础服务为主的状态转向科技含量提高和信息技术比重加大的产业状态。职业教育则必须关注产业的这一变化，紧密联系企业，不断更新和深化产教融合，努力实现教育链、人才链与产业链、创新链的有机衔接。当前的旅游职业教育，无论是教学资源的建设还是教学内容的更新，抑或是教学方法的突破，都需要从产教融合中找到立足点。

2.1 旅游职教产教融合的现状

长期的旅游经济"野蛮"发展，大部分旅游职业教育的从业者产教融合思路单一。对于学校而言，就业率高的专业更好招生，导致很多学校对当前旅游职教中产教融合的理解不透彻，部分学校基本上对顶岗类的实践教学进行了外包式处理。学校的职业教育则偏重于理论教学和单一的技能实训，在这一过程中，它们忽视了创新创业教育等问题。对于企业而言，旅游产业经济总量不断增加，旅游企业生意红火，它们与大专院校合作的目的基本是为获得实习生或择优留用优秀实习生，这样一来，产教融合的深层意义很难显现出来。

目前，旅游类职业院校以及综合性职业院校的旅游类专业，普遍采用"2+1"的办学模式。这是一种阶段衔接式的产教融合模式，即学生在校学习 2 年，另外在企业顶岗实习 1 年。但这一模式下的产教融合发展是有问题的。虽然学生第三年的学习基本上是在企业顶岗实习，能够获取实践经验，但其在前两年的在校学习中，由于学校寄希望于学生通过第三年的顶岗实习来获取工作经验，教师在教学中只进行了理论教学以及对学生进行相关技能的分解训练，生产性实训所占的课时比例较低。这种模式下的产教融合只能称为校企合作，因为其基本还是处于校企简单分段合作的层面。

这种模式下的学生生产性实训基本都是在企业的实习阶段进行的，实际上这导致了分段式教学的情况。前面两年的学习往往不能使理论及时联系实际，加之旅游类的企业自身规模小、工作季节性强、人员稳定性差等特点，决定了旅游职业教育采用这一模式的主要问题有：

第一，实践实训与理论教学脱钩的问题日益严重。这种模式的理论与实践教学基本上是分段开展的，学生前两年在校，学校多半开展的是理论教学加分解的技能训练，学生在最后一年进入企业实习，缺乏理论指导的实践，造成了学生在企业"有实践少教学"的状态，校企合作浮于表面化。

第二，在实际操作中，很多企业以降低企业成本为首要目标，对学生的发展并无长远规划，校企合作周期短、合作伙伴更新快，企业实践无法有效反哺教育教学。在这一情况下，学生实习的实践内容单一，只是机械的基础性工作，轮岗不够充分，偏离了开展产教融合的初衷。

第三，在这一办学模式下，产教双方衔接并不紧密，校内教育活动和企业实践教学过程各自为政、缺乏有效的监督和制约，特别是生产与教育两个领域的有效互动少，使这一模式也成为较为松散的模式。同时，学生在顶岗实习过程中，企业出于经济利益的考虑，重劳动、轻培训的现象普遍存在，实际的实践效果并不理想。在整齐划一的批量式教育过程中，个性化的学生发展通道并无体现，该模式无法促进旅游职业教育中有创新创业需求的学生发展，也把大量中小企业排除在产教融合的活动之外。更有甚者，部分"2+1"的办学合作，成为少数大企业降低运营成本的"法宝"，它们单纯为满足自己的经济需求，产教融合不深入，使旅游职业教育的实际效果达不到预期。

当前，"2+1"办学模式还是旅游职业教育的主流模式。有效加强旅游职业教育的产与教的深度融合，还需要在学生在校的两年期间寻找突破点，通过拓展产教融合深度，解决学生在校期间的问题。

2.2 旅游职教生产性实训与产学双用环境

早期的生产性实训基本上都是在生产性实训基地进行的。通俗地讲，能够让学生在实训中"真刀实弹"操作或者模拟"真刀"操作的教学基地都属于生产性实训基地。大部分生产性实训基地也往往是生产制造产业提供的职业教育基地。职业院校通过引进行业龙头企业的真实生产线，实现实训课程内容与企业工作实践和职业标准的对接、实训教学过程与企业真实生产过程的对接，来带动相关专业的发展，以及提高学生的实践动手能力和综合素质。

如何结合旅游类职业院校自身的特点，突破那些专业的限制，为旅游职业教育的生产性实训找到合适的途径呢？在探索旅游职业教育的过程中，笔者曾经提出过"把企业引进课堂，把课堂搬到一线"的产教融合思路，这是因为在研究生产性实训基地和生产性实训的关系的过程中，我们可以发现，旅游类专业的生产性实训不一定需要在生产性实训基地进行，我们完全可以找到开展生产性实训的创新模式。

生产性实训是随着生产性实训基地概念的提出才逐步受到重视的。2006 年出台的《教育部关于全面提高高等职业教育教学质量的若干意见》（教高〔2006〕16 号）首次提出"生产性实训基地"这个特定概念，其明确指出，高等职业院校要积极探索校内生产性实训基地建设的校企组合新模式，由学校提供场地和管理，企业提供设备、技术和师资支持，以企业为主组织实训。由此，职业教育开始了通过生产性实训基地建设来开展生产性实训的探索。在众多的研究中，有学者对全国100 所示范高职院校的生产性实训基地所取得的成绩进行了归纳，他认为这些成绩主要体现在以下三个方面：①实现了生产性实训基地与实训教室的合一，培养了学生的实践能力；②实现了生产与经营的合一，企业获得了经营收入；③实现生产任务与教学内容的合一，提高了教师的教学水平。石令明、傅昌德等对生产性实训基地的建设标准进行了研究，他们认为生产性实训基地要做到"八个合一"，即生产车间与教室合一、学生与学徒合一、教师与师傅合一、教学内容与工作任务合一、实训设备设施与生产设备设施合一、作业与产品（作品）合一、教学与科研合一、育人与创收合一。不难看出，这种基地的建设标准其实只是生产性工作环境的表面形态，并没有抓住生产性实训的本质。任何形式的基地都应该是为生产性实训服务的，所以在旅游职业教育中，研究生产性实训的开展，不必拘泥于基地的建设，而可以依托文旅产业的特点，直奔主题——直接满足旅游职教的生产性实训条件要求即可。

透过校内生产性实训基地的外在状态，我们可以理解旅游职教生产性实训的内涵：旅游职业教育机构充分利用自身的专业优势，在产教融合与企业联合或政府协调的背景下，在校内构建的兼具教育教学与生产（经营）功能的实训条件和环境中，通过开展组织研发旅游产品以及生产、旅游营销、旅游电子商务活动、提供社会服务等生产性过程，培养学生的职业岗位技能，提高学生的综合专业能力，并实现经济效益、社会效益的一种实践性教学。

笔者在研究教育部原部长周济院士 2005 年 7 月 21 日在职

业教育实训基地建设工作会议上的讲话时发现，周济院士在那时就已指出，高职校内实训必须改革，消耗性实训必须向生产性实训转变。《教育部关于全面提高高等职业教育教学质量的若干意见》（教高〔2006〕16 号）也指出，校内生产性实训基地建设的校企组合的新模式是：由学校提供场地和管理，企业提供设备、技术和师资支持，以企业为主组织实训。《教育部办公厅 财政部办公厅关于做好 2007 年度国家示范性高等职业院校建设计划项目申报工作的通知》（教高厅函〔2007〕47 号）进一步指出，要注重校内生产性实训与校外顶岗实习的有机衔接与融通，初步建立起校内生产性实训基地的校企合作新模式。

显然，关于生产性实训，一些职业教育发展先进的国家也已进行了一些实践探索，并形成了一定的模式，国内学者也在积极开展相关理论及实践的研究。但是，国外的生产性实训模式与各个国家的办学制度有关，如德国的"双元制"培训模式，还有新加坡的"教学工厂"教学模式。其职业学院与企业的校企合作依赖于企业与学徒签订的合同，培训和考试内容来源于企业的需要。企业提供教学资源和要求，生产性实训自然就容易实现。其他类型，如英国的工读交替式培训，它是将中学毕业生招进企业，采取企业实际技能训练与各类职业基础知识和基本技能训练交替进行的方式开展培训，交替过程中的实际技能部分就直接采用了生产性实训。

可以看到，发达国家不断完善校企合作活动的各个环节、相关法律和教学组织的方式，这些决定了企业在职业教育中的地位和作用，也就保证了生产性实训的实施。生产性实训的实施涉及多个主体，要完成实践技能与职业素养的培养，其运作过程较为复杂，组织不当则容易事倍功半。

从这些经验中我们也可以发现，开展生产性实训的主要目的是快速和有针对性地培养高技能人才，采用的方式并不是唯一的。就当前的实际情况来看，生产性实训的基本功能可以概括为五个方面：完成实践教学、融入生产经营、培训职业技能、培养创新能力和深化"三全"教育。

其中，完成实践教学、融入生产经营是其必须具备的功能。关于生产性实训的内涵，主要有两种观点。一种为生产性实训是相对于以往传统的消耗性的实训而言的，生产性实训中原材料能够转化为某种产品，具有一定的使用价值甚至还能创造一定的利润；而传统的消耗性实训中原材料在实训结束后只能作为废弃物被处理掉，实训的目的是完成实训任务。笔者更认同另一种具有普遍意义的观点。生产性实训是把企业真实的设备、工具、环境、任务搬到校内实训室中，学生在实训指导教师或技术人员的指导下完成实训任务，完成一定的产品开发、生产或者经营任务，实训的过程与实际工作的操作过程接近或者完全一致。

按照第二种观点，我们就可以清楚知道生产性实训基地建设是为了有效开展生产性实训，生产性实训是培养高职学生实践能力和综合素质的主要途径，基地只是生产性实训实现的条件之一。那么，旅游职业教育中生产性实训的开发和实现，关键不在于有没有所谓的基地，而在于有没有一种组织方式可以实现这一实训目标。对于旅游类职业教育而言，大型基地建设、规模化生产环境营造是不切合实际的，但如果我们能从生产性实训的根本意义出发，落实生产性实训目标，在学生在校期间通过产学双用系统开展生产性实训，是非常适用的。

由于文旅融合促进了旅游新业态的蓬勃发展，旅游市场旅游社会化营销和旅游电子商务人才需求旺盛。笔者在旅游类职业教育中主要讲授旅游市场营销和旅游电子商务类的课程，自然就选取这一领域进行探索。而笔者最直接的目标就是把校外正在发生的产业变化和企业旅游市场营销以及旅游电子商务的运营内容引入课堂教学，结合合理的组织手段和合理的企业化行为，将上述内容和行为创新转化为旅游职业教育所需的生产性实训。

真实的旅游企业营销事件是开展旅游营销生产性实训的基本条件。在基于互联网的旅游营销活动中，学校可以方便地搭建产学双用的生产性实训系统。产学双用的生产性实训系统，顾名思义，是指建设一种既能用于教学也能用于生产实际的两用体系。这个系统应该能够满足产教双用、合法商务、服务教学的基本要求。这个系统应能有效对接产业新业态，达到面向的高质量社会化营销技能人才培养的目的。

旅游职业教育中开发的生产性实训应该具备这样几个特征：

2.2.1　内容具有真实性

很多生产制造业的生产性实训强调真实的工作环境，以满足学生了解企业实际、体验企业文化的要求，且要求环境中有真实企业的工作氛围、真实的设备和产品及真实的生产任务。一些商务类企业则要求有真实的管理、真实的顾客、真实的市场等。

但是在旅游行业数字化和信息化技术高速发展的环境下，以旅游新媒体制作和运营、旅游电子商务活动、智慧旅游营销等内容为主的生产性实训，其重点应该放在追求内容的真实性上，而工作环境的真实性则应处于第二重要的地位。虚拟办公环境已经完全可以满足旅游电子商务相关业务真实的工作需求。旅游电子商务范畴的生产性实训有着自身的优势，所以其中最重要的是内容的真实性，而环境的真实性只需尽量满足即可，而不是必选项。

2.2.2　产学具有双需性

产学双用就是指实训应该同时满足企业生产服务需要和职业教育需要。把教学实践和经营生产融合起来，把职业培训与创新创业结合起来，从而达到生产性实训的产学双需的效果，达到社会服务与职教过程的一体化。

2.2.3　师生角色具有双重性

在生产性实训中，教师要扮演师父的角色，同时也要承担教师的职责，所以教师具有师父和教师双重身份，而学生作为生产性实训活动的执行者，除了自己学生的身份外，还具有一线从业者的身份。

2.2.4　承载的文化具有双重性

生产性实训的过程既是教学过程，也是生产实践过程，这就使得教师在这一过程中同时传播了校园文化和企业文化，生产性实训使学生对知识的理解更立体、更深刻。

一方面，参加这样的生产性实训，学生在真实的工作环境中更能提升自己的适应能力和实际操作能力；另一方面，入职企业的员工在正式上岗前参加过生产性实训能有效降低企业的生产成本，同时有助于企业挑选到所需的高技能人才。而直接参与企业的管理、生产、技术改造和产品研发，教师团队的能力也得以提升和发展。职业院校可以根据企业的实际需要，及时调整人才的培养方向，从而更好地发挥服务地方的职业教育特色。教师团队引导企业资源合理进入课堂开展生产性实训，构建产教融合基础上的教学体系，对传统旅游教学系统进行改造升级，从而更好地破解当前旅游人才培养难题。

旅游职业教育相关专业的校内实训是以培养学生的岗位能力与职业技能及素养为基本目标的，学生应当也必须成为开展生产性实训的主体，这样才能在真实的企业环境和真实的生产服务过程中掌握职业技能。

在线文旅市场在变，企业格局和运营方式在变，这些变化也决定了文旅行业对社会化营销人才需求的剧增，生产性实训要配合人才培养的目标、课程建设格局来调整，来不断更新课程建设内容。不然，学校培养的学生很难适应当今时代的发展需求。社会化营销技术、直播和短视频技术、基于社会化营销的旅游产品定制、新媒体运营等，都是当前各种文旅类专业学生需要掌握的技能。

在旅游社会化营销和旅游电子商务这一领域，综合实训的产学双用系统构架可以选取微信这一典型的社会化营销软件与社交电商关联环境来构建。利用微信小程序，与微信生态适应，与微信公众号、个人微信群等资源紧密配合，以企业的实际业务为实训内容，建立旅游社会化营销产学双用实训系统。我的工作室构建了"忆田上"品牌旅游商品电子商务生产性实训体系。这个产学双用生产性实训系统是针对广西旅游商品电子商务化而设计的。实训的前期基础准备包括：①由本人申领了"忆田上"品牌注册商标（该商标涵盖糕点、海产品、茶及茶产品等几个商品大类）；②创办了个人淘宝店铺1个（目前已经是四钻店铺）和微店1个、个人认证微博1个（10万以上粉丝）；③建立精准受众人群的微信群10个，微信公众号4个，抖音账号若干（包括官方认证账号4个）。

这一"产学双用系统"采用"一城双窗多关联"的基本架构，即用一个网站联通所有实训资源。这个网站的核心为一个旅游电子商务产学双用商城，实训系统内的商城可以实现商务和教学同界面的功能共用。经过企业审核，系统中的电商产品详情和价格策略可以被复制到真实的企业店铺中，从而流入市场；系统为商城提供分享功能指引和教学，商城内产品信息以及营销信息可以通过微信、微博、抖音等多种社会化媒体平台分享出去。在产学双用的生产性实训系统中，学生可以根据商城内的实际产品情况进行真实创作。其制作出的社会化营销作品，经企业管理人员审核无误后得到选用，学生即可获得相关权限，使用各种企业授权认证的社会化媒体的真实账号以及工作室掌握的真实网络工具，分享到各种社会化媒体平台，开展真实的社会化营销活动。

学生实训以项目管理的方式开展。实训内容来自产教融合化合作企业当年真实的营销与电子化商务项目。在每学期初，通过与企业沟通，我们工作室（下文将详细介绍）整理出本学期可以与企业合作的项目，将这些项目录入产学双用系统。教师团队成员在不同的课程中调用这些生产性实训项目，与企业同步推进这些项目。实训系统通过严格的用户权限设置来管理学生的操作权限，由企业运管部门从学生作品中择优推送到系统中的真实商城，使教学后台与商务前台分别合理地呈现这些作品。学生创作的社会化营销作品从而有机会出现在真实的商务界面。通过产学双用系统，校企双方实现企业资源和教学资源的共建、共享。

产学双用的生产性实训环境的设计强调学生知识和技能的融合，学生通过真实的社会化营销项目，及时将所学理论转化为工作能力。以实际企业运营项目机制为管理框架，以真实性生产实训项目要求为标准实施实训教学，建设社会化营销课程。系统自然地将知识传授与技能训练、学习与工作岗位相融合，快速提升学生的实际工作能力。

以"产学双用系统"为核心的产学双用生产性实训，为学生提供生产性实训条件和内容，将企业具体业务进行加工，转化为真实案例和实训内容，解决了学生在校期间的生产性实训难题。学校教师只有基于产教融合的视角，在创新设计出旅游产品和项目、创新营销方式、创新服务方式、创新业态互动模式、创新运营模式等方面开展教学改革，通过合理的课程和课程群建设，培养具有全面旅游社会化营销知识和技能的学生，才能服务好新发展格局下的文化旅游产业。

2.3 产教融合下的生产性实训案例

在探索旅游职教产教融合的过程中，如何通过可控的产教融合措施，获得稳定、动态更新的旅游产业教学资源是开展产教融合的目标之一。中国经济还处于快速发展时期，企业和职业院校只有相互尊重并做好资源协调，才可以顺利地实现双赢。

要实现这一目标，旅游职业教育必须创新设计出一种由职业院校主导的产教融合机制，实现产业资源向动态教学资源的转化，让职业院校在校学生在真实的环境下实习、实践。

下面以郑忠阳大师工作室开展的一个生产性实训为例进行讲解。这个生产性实训利用一周时间的生产实训操作模拟企业连续工作的情况（每天要安排 2 个学时以上），该实训内容采用真实的企业项目内容，用项目真实的工期和项目质量要求营造真实的企业运作情景。该生产性实训采用了企业的三个真实项目：一个是旅游市场营销类项目；一个是旅游产品电子商务项目；一个是旅游商品电子商务项目。具体内容如下：

旅游电子商务实训周生产性实训方案

一、实训目标

将真实的企业项目与相关旅游电子商务、新媒体等课程内容结合起来，以实际生产商务活动的要求为学生设置培训标准，开展生产性实训。学生应重点掌握智慧营销、新媒体营销与运营、旅游电子商务在实际项目中的应用，提升自身的创新能力和实践能力。

二、项目背景资料

本次实训共有三个项目，分别为"金瑶红·中国糖""心乡旅舍""禧阅酒店"。项目的相关资料如下：

（一）"金瑶红·中国糖"项目

某企业推出以"好的红糖，有蔗香"为宣传词的"金瑶红·中国糖"（以下简称金瑶红）项目，正在寻求电子商务合作。

众所周知，广西是全国甘蔗种植大省。金瑶红压榨的原料甘蔗正是拥有国家农产品地理标识的"来宾蔗"。金瑶红采用专利技术，保留了甘蔗中更多的营养成分，如叶酸、胡萝卜素等。目前，金瑶红已有通勤装、随身装两种产品在售。金瑶红采用特许经营的模式（品牌方授权），通过线上平台销售。

（二）心乡旅舍项目

"此心安处是吾乡"正是心乡旅舍名字的灵感来源。疫情环境下的酒店企业经营困难重重，如何绝地生存，谋求发展？某酒店业主提出了该项目，寻求合作。心乡旅舍以品牌营销和销售代运营的方式，与线下实体酒店合作，是一种轻资产、云管理、重文化、有温度的新型旅宿业经营模式。心乡旅舍的定位为：建设一家能够使游客在旅途中感觉到如同回到故乡的心安之舍。心乡旅舍有四个服务特色：安全、整洁、种草、百问。该品牌主要针对旅居、商旅人才，不区分青年人、中年人和老年人群体。心乡旅舍借鉴了青年旅舍的经营模式和风格，但其产品质量高于一般旅舍，接近标准化酒店水平。

（三）禧阅酒店项目

该项目是一个实体酒店运营的合作项目。酒店采用标准化装修的形式，房型多达 14 种，位于广西南宁市东盟商务区、青秀山脚下，地理位置优越，但由于该酒店项目刚刚起步，线下和线上的配置都不够完善。

酒店品牌和文化表述设计：

1. 文化内涵

从禧阅酒店的地理位置、名字含义，延伸至对生活的感悟，将酒店的文化内涵表述为：

"繁华深处问新禧，归来悠然阅青山"，以体现本酒店处于青秀山下的绝佳位置和品质服务。

2. 特色挖掘

在开展网络营销中，作为单一品牌的单体酒店，需要充实有特色的表述。根据酒店的位置和硬件特点，建议考虑如下在开间格局上的特色表述：

商务旅行，拒绝单调重复，禧阅精品酒店，多达 14 种房型和布局的不同房间，让你每次都有不一样的入住体验。

3. 典型营销宣传语设计

青山不改，禧阅相随；

青山依旧在，几度禧阅来？

遍游青山，共享禧阅；

青山邕水，禧阅常在；

乐在青山，心愉禧阅；

舒适好睡眠，就来禧阅；

游青山，心喜悦；

住禧阅，望青山。

三、实训内容与要求

（一）金瑶红·中国糖

本项目需要对中国糖项目的电子商务方案进行具体设计。通过对"金瑶红"品牌的细化设计，制订出适合本产品的营销方案，如在什么平台销售、如何销售、如何创意营销等，并制作三个营销短视频详细阐述自己的营销思路。

（二）心乡旅舍

根据自己对"心乡旅舍"运营模式的理解，设计出符合"心乡旅舍"设计思路的酒店营销方案。方案设计内容要求（应包含但不限于如下内容）：

1. 酒店文化设计和商业模式设计

2. 酒店营销设计（含三个营销短视频）

（三）禧阅酒店

本项目要求设计出禧阅酒店电子商务运营方案，或酒店线上线下结合的运营方案设计。方案设计内容要求（但不限于如下内容）：

1. 酒店运营人力资源设计

2. 酒店电子商务方案设计

3. 完成标志性营销作品：3 条短视频的制作，如潮歌翻唱音乐视频（MV）：听闻远方有你——禧阅

四、实训组织

以小组为单位，模拟企业实际招投标过程，开展实训。在了解各个项目的基本情况后自由选择两个项目，理清竞标思路，进行投标。中标者开始针对具体项目进行实训，具体流程如下：

（一）项目发标

实训开始，企业一方用 2 个小时展示各个项目的基本资料和各项目的具体要求。

（二）项目投标

在规定时间内，各小组讨论出心仪的两个项目，按照项目要求完成投标演示文档（PPT）的制作，并进行路演竞标。

（三）中标项目方案制作

各小组根据自己竞标结果，集体制作相关方案和作品，可以寻求企业和指导教师的指导。

（四）项目验收

各个小组分别向评委展示自己的方案和作品，并向评委详细讲解具体的方案。根据设计的完成度、现场的解说情况、PPT 制作情况和营销作品情况，企业和指导教师为每个项目评分。

这一案例实训实现了产学双用，满足了产教双方各自的需求。这些项目的难度并不大——规模适合实际企业项目，正是高校搞生产性实训的好资源。很多院校做产教融合一味追求高大上，追求大规模，但其中有多少内容能够符合职业院校的学生的实际情况呢？其实这些规模不大的中小企业的项目往往更加贴近学生实际，适合职业院校学生的生产性实训。这些中小企业的中低难度的实际项目，就像很多细分的单元，组成了巨大的企业项目内容。旅游职业教育可以从中找到很多合理的企业运营内容，将其改造成生产性实训。

3 "双主体"大师工作室的实践

　　当前，虽然产教融合的办学模式发展迅速，很多企业展开了行动，但职业教育依旧应是以职业院校为主导的，企业则主要是以经济利益为出发点的合作者。职业院校的使命就是办好职业教育。职业院校，尤其是公办的职业院校是职业教育产教融合活动的原生动力，是产教融合活动的设计和组织者。而企业主要以营利为目标，不会单纯地从最有利于职业教育的产教融合开展的角度出发，而实现职业院校与企业的"双主体"协同，必须强调职业院校的主导作用，必须要细化和寻找实际落地的方法。

　　基于这样的根本原因，在实际工作中产教融合往往需要一些由职业院校主导的具体将政策落地实施的执行机构。对此，我们在旅游职业教育中进行了探索。根据文旅企业规模、行业特点，文旅行业中的项目主要是中小旅游企业的小规模、综合性强、灵活多样的产教融合项目。所以，创新旅游职教的产教融合模式，要辩证地把握职业教育的"双主体"教育协同思想，不能简单粗暴地把教学改革看作企业参与和企业人士当导师的项目，我们需要遵循"校内教师引领，企业和社会技能人才协同"的基础思路，建设"双主体"的教学机构。这一机构最简单的体现形式就是工作室，各学校因为引入了较多的企业技能大师，所以这种机构也称为大师工作室。基于文献分析与调查研究，笔者发现各高校在大师工作室建设等方面还存在如下问题：第一，普遍缺失具体可操作性的政策指导，尚无相对成熟的模式可供借鉴；第二，工作室课程体系亟待建构与完善，大部分工作室只是简单地在原课程体系中加入一门技能大师课程，或将原课程体系中某一两门课程放在工作室进行；第三，工作室教学方式普遍单一，还没有形成有效的、相对稳定的教学模式；第四，工作室过程管理与考核评价机制不完善，多数院校在组织机构、实践经验、管理制度等层面难以满足实施现代学徒制的需要。可见，对技能大师工作室的运行情况进行问题诊断，探索校企协同育人机制，完善现代学徒制人才培养模式，成为优化技能大师工作室建设与管理的应有之义。

实践证明，这些大师工作室的建设和运作，应该由校内教师为主导，一线技能大师协同，双方在工作目标趋同的条件下，合作设计产教融合合作项目。这种协同重要的就是要对照研究职业院校人才培养过程中那些和企业经营过程中有关联的热点、难点问题，充分分析实际生产中的需求以及对学生的教育需求，以双方的真实需求为基础设计实训项目，才能寻找到产教融合双方的融合点。

3.1 职业教育中的"双主体"协同育人思想的辨析和实现方法

产教融合背景下的"双主体"是指职业教育育人工作的两个主要参与主体：职业院校和相关企业。"双主体"协同育人的基本思想是分别利用学校和企业的优势资源，让企业与职业院校一样，也成为育人的主体之一，"双主体"共同合作、协同，让企业充分参与到人才培养就业的全过程的方式。培养目标是要将企业的文化、管理理念带入课堂教学当中，教学方案由学校和企业共同拟定，让优秀的企业人员兼职承担部分教学任务，让学生真正体验到企业正式员工的工作状态。

我国经济正在向高质量、结构优化的方向发展，对高素质的专业技术职业人才的需求量越来越大。"双主体"协同育人是职业教育改革的重点内容。一方面，"双主体"模式职业院校在教学过程中可以转化企业的优质资源，用于学生专业技能实操能力的训练和培养，同时，有助于拓宽和提升师资队伍的产业视野和技能水平。另一方面，"双主体"模式在满足企业对适用人才的要求，从而提高学生的就业能力和机会。"双主体"协同育人模式是职业教育发展的合理方向。

企业要想立足当地、获得长足的发展，就需要吸纳大量的职业院校人才为企业服务。通过产教融合的模式，企业能够根据自身的发展需求协同调整职业院校的人才培养目标，帮助学校培养更加符合本企业发展需要的人才，从而实现学校与企业间的人才培养和就业上岗无缝对接。

产教融合中职业院校落实"双主体"协同育人思想，对当地经济发展、职业院校和企业建设本身都十分重要。但职业院校和企业两个主体必须协同合作，而建立以高校教师为主导的大师工作室，通过具体商业业务和教学内容的协同，可以深入推进高校主导的"双主体"协同育人模式的发展，实现校企双方的共建共赢。

高职院校培养的人才具有鲜明的职业性和实用性，在产教融合、校企合作的背景下，高职院校职业人才的培养更加具有针对性，这种模式提升了高职学生的综合实力，使他们更加契合当地产业发展的要求，能够更快地融入当地经济建设中去，助推当地产业经济的发展。同时，"双主体"协同育人模式能够促进高职学生更好地就业，减轻当地高职或学生的就业压力，有助于社会的和谐和稳定。

从企业的角度来看，企业首先要正确认识产教融合是企业充分利用校园人力资源和选拔人才的有效途径。在具体的工作室运行中，企业的专家、技能大师和优秀员工要承担起实训或者实践类课程的教师的职责，结合企业的具体情况对学生进行实践教学指导，快速提升学生的实践操作能力。企业也要为高职院校的优秀青年教师提供必要的实践机会，提高他们对行业技术发展的认识，为后续教学工作的开展奠定良好的基础。企业还要全程参与到高职院校的课程建设和专业建设中来，保证学校课程设置、教学规划的科学性和实用性，促进"双主体"协同育人理念的落实。

当前的"产教创研"一体化思想是一个复合的职业教育理念。"产教创研"一体化是在产教融合基础上把职业教育自身发展、服务社会和高质量育人要求进行整合、衍生而来的。它是指生产经营、高职院校教学、创新创业过程相互融合，形成一体化的系统发展。在此理念的指导下，高职院校"双主体"协同育人过程势必更加需要一个落实这一理念的具体机构。在工作室的组织下，职业院校将生产经营中的实际内容引入创新创业和生产性实训，拓展专业技能教学，并促进学生的创新创业实践，再根据创新创业的实践和效果改进教学，也根据教学科研成果为企业提供调整生产经营的技术和理念支持。在产、教、创、研四个环节的循环作用下，大师工作室实现以职业教育为目的引领的"双主体"协同育人。此外，可以鼓励职业院校将技术教学和技能大赛相结合，这样不但可以为学生提供展示专业技能的舞台，培养学生的创新能力；还可以增强和提升院校教师队伍的力量和课程建设水平，助力职业院校的可持续发展。

3.2　旅游职业院校大师工作室的改良与创新

职业院校开设的各专业都具有鲜明的职业特征，职业院校要长期保持与企业的合作才能紧跟市场变化。职业院校在选择合作企业时，往往要优先考虑专业对口、人才需求量大、处于良性持续发展过程中的企业。但旅游类职业院校的专业，对接的旅游企业规模不一定大，与一般的企业相比，它们能够提供的岗位比较分散，用人数量也比较少，除了景区、酒店、餐饮文旅综合体或者游乐场的服务类基础岗位，还有其他的如导游、旅游营销、运营管理、旅游产品或者旅游商品开发等岗位，适合职业院校的旅游专业的岗位不多，企业规模也都不大。这就要求旅游职业院校应能够积极主动地寻找合作企业，通过有效的组织，实现有效的生产性实训项目开发，为学生职业技能培训提供全岗位的实训基地。

这就要求旅游职业院校要主动把握产教双方的合作方向，积极组织协作以拓展教学内容。对分散的、非低端层次的岗位进行整合并有针对性地进行拓展，由职业教育院校创立新机制，在校园内富集中小旅游企业人才的共同需求，组织生产性活动，从具体的专业层面引领企业将企业资源投入职业教育中，并使其主动参与共同制定人才培养方案，共同培育人才。

除了专业技能和专业知识课程以外，企业在校园内还可以在企业文化、管理方法、发展规划等不同层面上，对学生产生影响，这也有助于院校及时发现市场变化，调整专业结构，提升职业素养培育水平，从而更有助于培养学生的职业发展和可持续发展能力。在按照企业岗位调整课程体系和内容的同时，将企业的成功案例和优秀成果融入专业课程当中，让学生将学到的知识能够无缝对接企业岗位需求，使企业在"双主体"协同育人模式中发挥更多作用。

旅游职业院校实现合理的"双主体"协同育人，需要创建符合文化和旅游产业的"双主体"协同育人机制，改造当前职业院校中的各种大师工作室是一条捷径。在文旅行业，中小企业居多，中小企业的规模也决定了其业务量不会太大。而文旅行业中有一些技能大师独立掌握着一些高级技能，在这种条件下成立的大师工作室，往往承担着某一项技能的传承任务。要在职业教育中实现更大范围和更全面技能的学习，这种大师工作室必须进行升级改造。以校内教师为主导，整合多位技能大师或者中小企业管理者的资源，就可以兼容更多的技能和实际业务，也能更好地整合各种企业资源和商务资源，发挥工作室的最大作用，为职业教育和中小企业以及技能大师服务。

大师工作室要求旅游职业院校的教师要同企业员工一样，甚至超越企业员工，具备敏锐的市场意识和前瞻能力，他们需要按照当地产业化发展的需求助力学校进行专业的转型升级。只有通过指导实际项目助力当地文旅产业发展，职业院校的教师才能更深刻地理解职业教育。

在这里，笔者要正确认识一个事实、纠正一个片面误解的观念。许多研究都有一个这样的假设，即职业教育师资团队缺乏实践经验，其经验远远不如企业一线技师。那么，职业院校的老师又真的不了解产业实际情况和企业运营吗？他们难道真的不比企业技师更适合做职业技术老师吗？我觉得答案是：不一定。就今天的职业院校的师资情况而言，这种认识是不够全面、客观的。1985年以来，中国的职业教育恢复，并且大量的企业精英陆续进入了职业院校，如2000年到2020年的这段时间，各种职业院校都按照要求开展了师资培养和引进，包括作者团队教师成员的一半以上是具有生产一线经历的（有十余年的企业经历，更有十几年的教学经历）。难道在深化教改的30多年后的现在，我们的职业院校存在那么多不合格的教师吗？何况作为职业学院的教师，他们不仅要掌握技能，还要懂得教育。而许多人不认真研究职业教育师资队伍，就认为职业教育教师不懂企业实际，甚至主张以企业人士全面替代职业院校的教师，这明显是不正确的。教师这个岗位是有它的特殊性的。职业教育的教师不仅要接近产业实践，更要懂教育学、心理学，懂教育方法，岂能是单有技能就可以胜任的？一位熟悉企业实际的、具备职业教育能力的教师，可能要比一位企业技师的职业教育能力强很多。所以，在"双主体"育人实践中，职业院校教师理所当然要主导教学，而不是简单地参与。

另外，《中华人民共和国职业教育法》于 2022 年 5 月 1 日开始实施。但许多人还片面地认为中国职业教育才刚刚走上正轨，其实这同样是对历史的无知。中华人民共和国成立后的 1958 年，天津国棉一厂就出现了一种新的教育模式，即"半工半读"。这在中国的职业教育历史上有着里程碑的意义。这种"半天劳动、半天学习"的模式，当时在城市和乡村广泛地开展，可以说这既是中国终身职业教育的起点，也是职业教育的新开端。那些来自一线的学员，本身就是先实践后理论的职业教育的先行者。在当时的条件下，这种方式让更多人有了受教育、学技能的机会。到 1965 年，我国已有中等职业学校 7 294 所，在校生 126.65 万人，占当时高中阶段学生总数的 53.2%。

当然，受"文化大革命"的影响，职业教育出现了被迫停滞的现象。当时，职业教育机构大量被停办、撤并或改为普通中学。改革开放以后，职业教育又逐步被重视起来，1985 年 5 月 27 日颁布的《中共中央关于教育体制改革的决定》（以下简称《决定》），对中等教育结构调整提出了明确意见，发展职业教育被提上日程。《决定》对职业教育体系有明确的阐释，提出"逐步建立起一个从初级到高级、行业配套、结构合理又能与普通教育相互沟通的职业技术教育体系。"这标志着中国的职业教育的复苏。

回顾这段历史和职业教育师资队伍建设的历程，我们就会发现，自中国的职业教育复苏至今，已有了 30 多年的时间，大量企业人士进入职业教育领域。我们要看到很多职业院校的教师，他们中的很多人才具有相关企业的从业经历，其中部分人才已经完全具备较多的知识储备和较强的行业前瞻性判断能力。也许，目前他们在具体的某些技能方面与一线员工尚有一些差距，但这不妨碍我们工作室从职业教育教师与企业技能大师身上各取所长。

以职业院校教师为主导的大师工作室聘请企业资深技术人员，邀请他们加入教学团队，参与企业运营，也参与人才培养方案的设计。专业课程教学要对接职业标准、教学资源建设也要在教学中深化，以实现专业产业化，课堂生产化，创业、实习、就业一体化。多年的实践证明，在旅游职业教育中，这种以校内教师为主导的，集聚企业资源和大师技能资源的"双主体"大师工作室，具有旺盛的生命力，它区别于那些简单地引进技能大师的工作室，前者是开展产教融合，落实"产教创研"一体化思想的好机构。

3.3 郑忠阳大师工作室的实践

为了探索产教融合的新机制，2017 年笔者所在学校以校内教师为主体，成立了郑忠阳大师工作室。与众不同的是，此工作室没有固定地以某一位企业技能大师为主进行建设，而是整合了校内几乎所有的旅游电子商务专家而建立的。工作室立足于破解职业教育院校与企业的融合难题，真正让"双主体"（职业院校教师与企业技能大师）有机结合，共同探索新的产教融合机制。根据文旅行业产业覆盖广、通识技能多、企业规模相对小的特点，在旅游职教中，工作室打破常见的大师工作室的模式，在工作室内部结构上采用"校内领域专家+技能大师"的"双主体"结构，建设以校内教师主导的"双主体"大师工作室。

总结工作室的具体做法，可以概括为：由校内选用在某一领域有较深资历和实践经验的教师，主导某一领域的大师工作室的建设，聘请校外技能大师或者企业专家入驻，解决企业的商务需求与教育付出的矛盾，在工作室内部协同配合，协调校企双方的需求。

广西国际商务职业技术学院郑忠阳大师工作室，由具有近 20 年企业从业经历的郑忠阳教授带队，由 3 名具有初、中级职称的中青年教师作为核心团队成员组成。工作室的企业技能大师，则来自文旅行业的多家企业。这些企业包括与王兆儒坭兴陶大师工作室的多位坭兴陶技艺大师、凌云正道茶业的制茶大师等，以及来自崇左雨花石景区等 20 多家中文旅小企业的各种文旅行业的技能大师。

郑忠阳大师工作室工作的建设思路是：协同企业资源，发现企业生产需要，结合教学需要，组织大学生成立创新创业团队，协同大师或者企业，与学生共同设计创业项目，配合企业完成经营目标，指导学生实现创新创业活动，同时，将相关资源开发和转化为生产性实训教学资源，服务教学。由此，企业可以利用最新科研成果完成生产经营活动，学生通过创新创业完成职业教育学业，教师与企业或大师合作实现自我成长，而职业院校则获得职业教育的最优资源，完成优质的职业教育教学任务。

组织学生创新创业是这一模式的关键一环。在近 5 年的运行实践中，"双主体"大师工作室完成了工作室双师团队建设后，探索和组建了大学生微谋创新创业实训营，并根据企业需求，孵化组织学生创业团队 14 个，开发、孵化创新创业项目 15 个。对项目运营中的内容进行加工整理，总结出了大量教学案例、生产性实训内容、微课和活页式教材等教学资源，并成功申报建设了广西壮族自治区高职"旅游管理"教学资源库。

例如，"广西驾到"定制旅游项目。该项目是提供定制旅游服务的项目，即为中小旅游企业的旅游电子商务服务，并且项目组成员还积极参与乡村振兴工作。该项目开发了专门的App来开展旅游电商运营，该项目转化的教学资源被整合入活页式教材《旅游市场营销》。这个项目的参与范围覆盖3个专业、4个年级；

O2O休闲旅游营销项目"陶器煮意"。该项目旨在挖掘传统茶文化内涵。该项目团队与王兆儒坭兴陶大师工作室合作，共同挖掘坭兴陶和六堡茶两项非遗产品的内涵，开展线上线下互动模式下的产教融合实践。参加实证活动的范围覆盖10个专业、4个年级；

旅游直播与短视频项目"桂族传媒"。该项目主要是开展基于新旅游业态的新型旅游电商业务，为旅游企业提供网络营销外包服务，参加实证活动的学生覆盖3个专业、4个年级；

旅游商品电子商务项目"田上云圩"，该项目主要是开展旅游商品电子商务业务的产教融合实践，教学过程中使用了真实的商业工具资源：2个淘宝店、1个微店和若干个微信公众号，服务了近20家广西各地的旅游企业。参加实证活动的学生范围覆盖4个专业、5个年级。

合理的"双主体"大师工作室的结构，赋予了大师工作室新的内涵：在校内教师的引领下，学校整合了众多的企业资源，将理论教学和实践教学完美结合。产教融合的实训活动均在教师引导下有序展开，校企协作均以提升职业教育水平为根本目的，同时受教育学生又入职企业服务社会，使"双主体"合作育人的模式更合理、更完善。

4 组建创新创业学生组织的实践

随着文旅融合进一步的发展，受新冠肺炎疫情的影响及云旅游的不断冲击，文旅业正发生着天翻地覆的变化，这些变化对旅游职业教育也提出了更高的要求。而文旅企业规模相对小、服务要求高、覆盖范围广等实际情况也要求职业院校在人才培养中，协调企业资源开发真实商务实践环境，让学生在真实环境中历练，使学生全面成长。这个过程中，我们也要把职业道德、职业素养培养和思想教育结合起来，提升理论、实际课程的思政水平，这对推动学生的深入学习和能力转化有着重要作用。

在"双主体"大师工作室实践中，校内、校外全体指导教师协同践行现代学徒制，互补合作，指导创业项目设计运营、调配资源、辅导创业项目，通过鼓励和指导学生参加创业比赛、孵化股份制企业等方式，创新"一核三层"式的项目孵化实训营创业人才培养模式。这体现了"双主体"大师工作室在两个方面的创新性突破：

一是创新人才培养新模式。该模式基于产教融合，组建学生实训营，工作室引入实际商业企业，满足了企业与学校、创业学生各自的需求，不断培养团队、孵化项目，实现创业团队的不断裂变发展，科学地解决了基于产教融合的创新创业人才培养的问题。

二是开拓专创融合新场景。结合专业对口的产教融合实际，学校安排各专业学生在校期间通过与所学专业契合的生产性实训，参与企业真实商业运作活动。这样既可以满足学校专业教学与学生专业对口创业的需求，也可以满足企业的需要，使企业、学校、学生三方实现共赢。

4.1 创新创业实训营的设计

职业教育是一个众多产业要素与教育要素为主要元素的复杂系统，因此具有典型的社会系统特点。例如，企业根本的目标是利益，高校的核心使命是教育。协调二者的关系是构建大学生创业活动组织的关键。构建"双主体"大师工作室是解决这个问题的理想方式。同时"双主体"大师工作室也制定了有效的规则，既为创新创业人才成长提供了"借鉴、模仿、参与、试错、实践"的递进式成长空间，又营造了生产性实训的学习环境。通过理论研究和实践实验，本工作室逐步建立和完善了具有特色的"一核三层"式的项目孵化实训营组织模型，形成了创新创业人才培养模式。

这一模型的基本构架是：在教师的指导下建设大学生创新创业实训营（一个大学生创新创业的学生组织，以下简称"实训营"）。这个学生组织在教师的协调下，为学生团队寻找合作企业。它以典型的创业项目为基础，培养创业者和创业体验者，不断组建新的创业团队。

这一模式下，大学生实训营成员来自自愿参与创新创业的学生群体。新生入学后，自愿报名，在实训营老队员的带领下，不断组建实训营队伍。

探索基于"双主体"大师工作室的内外衔接机制，构建合理产教融合机制，就可以实现校企双方的实时对接和利益相互让渡。

4.1.1 实训营的功能

4.1.1.1 学生动手能力提升的基地

实训营为学校旅游相关专业的学生开展创意策划设计、创新交流和创业实践提供了场所，是学生们创新项目研究、实践新想法的实践基地。实训营全方位引进了企业化管理及训练模式，使学生在企业运行的框架下，利用企业真实的职业环境设置实训内容，接受专业技术人员与学院专业教师的双重指导，参与完成企业具体项目或某商业运作流程，接受企业管理、考核，彻底化解了专业教学与实际操作相脱节的矛盾，提高了学生的实践能力和教育水平，着力培养学生的动手能力，解决实际问题能力，以及自主创新能力。

4.1.1.2 教师"双师型"队伍培养的平台

实训营是学校教师了解设计行业商业模式、管理理念、前沿技术，提升自身实战设计能力的最佳平台。教师们参与实训营的项目管理和学生管理工作，按照企业的要求，确保项目保质、保量、按时地完成，同时可以强化自身的市场意识、客户意识等思维模式。教师通过深入项目过程，不仅自身真正成为一名称职的职业技术院校"双师型"教师，同时能够更明确地掌握了自己的学生是否能够胜任相关工作，以及其能力不足的具体方面。明确企业对于旅游专业人才能力的具体需求，为高职旅游相关专业的教学改革带来更多的思索，今后旅游专业人才培养方案修订中必将出现更多有益的新探索。

4.1.1.3 企业留用优质人才的管道

企业结合以往实际的操作项目的情况，参与实训营前期"订单式"实训计划的制订，通过"双导师"（学校教师和企业师父）的带教，使学生的创意创新能力得到全面的培养，工作中所需的专业技能得以强化，大大拓展了毕业生的就业渠道，也为企业提供了优秀人才的储备，为后期在实训营营员中选人、留人得到保障。实训营每个阶段结束都会有评估。待训练内容全部结束后，会将合格的营员直接输送至合作公司各部门（包括到分公司、子公司直接就业），进入人才储备平台。

4.1.2 实训营的运作模式

实训营由校内教师与企业师父共同担任指导老师，采用现代学徒制的方式，共同指导学生项目。实训营队员按照进入实训营的时间和参与工作的情况，被划分为实训（初级）学徒、实践（中级）学徒、商咖（高级）学徒、出师（独立）学徒四个等级。它们分别对应了解和参与实训、参加项目运营、主持运营、创业并初步成功四个创新创业人才成长阶段。

我们采用"一核三层"式的团队组织结构来组织学生团队，即培育一名创业者，再为创业者推荐核心运营成员作为团队核心，形成核心层；协助团队招募参与，组建运营团队，形成运营层；组织实训营中成员，形成合理的外围团队，参与项目的运营，即形成参与层。

实训营成员以老带新，企业提供真实工作项目，校内、校外导师共同指导学生组建团队，设计创新创业项目。学生们自愿组合开展运营实践，甚至孵化创业企业，这些项目均面向社会实际运营，项目组自负盈亏。

随着项目逐渐成熟，老队员逐批退出，每年又会有新的队员加入。实训营制度、实践内容和实践经验要不断总结和完善。具体研究内容包括：每学期几次统一培训、不定期的企业家创业案例分享、经常性的合作大师与企业推介，营造创新创业氛围；平时有针对性地对项目成员进行个性化引导，结合企业需求招募成员，组建合理的创业团队与大师（或者企业）对接；项目成员在校内教师的组织引导下，完成创业项目设计并对项目开展运营，积极参加各种创新创业大赛。

4.2　微谋实训营的实践

旅游专业人才的培养需要结合真实的商业环境，基于产教融合项目，企业为旅游专业的创新创业人才培养提供真的环境，既有代表性，又有可操作性。但是，其中的难点在于，学校如何把学生充分调动起来，怎么样才能按照学生们各自不同的条件和愿望，有针对性地培养学生。

我们将这个实训营命名为微谋实训营，取其"智慧"和"仁义"的双重内涵。在工作室教师的指导下，学生在入学后即可自愿加入实训营，参与创业项目的运营，通过试错孵化、项目参赛等方式，实现人才培养中的理论与实践相结合。学生在创新创业活动中，完成对知识的掌握和相应能力转化。特别地，我们把职业道德、职业素养结合在日常学习过程中，提升课程思政水平。

在以学生为主体组建的大学生创新创业实训营中，"双主体"大师工作室的团队帮助学生孵化形成种子项目，开展实训营组织实践，组建项目核心层团队，组建运营层队伍。进而在实际运营中，不断裂变和孵化新的创业核心人才，形成新的孵化项目，带动新一轮的创新创业活动，从而逐步形成稳定的、具有一定规模的、可持续的创新创业人才培养模型。

2018年，工作室通过微谋实训营组织创业项目，并成功孵化了第一家学生创业公司：微谋科技有限公司（以下简称"微谋科技"）。广西国际商务职业技术学院旅游管理专业2016级的兰婷成为公司法定代表人。微谋科技主要开展旅游商品电子商务业务、电子商务代运营业务等。目前，微谋实训营中已经孵化了四家大学生创业公司。

5年的时间里，郑忠阳大师工作室指导团队不断整合企业资源，吸纳有志大学生，组建新团队，筹备新项目，目前已成立了11个创业团队，服务了广西旅游企业20多家，包括广西北海青山头乡村旅游度假区、广西崇左雨花石景区、广西南丹县歌娅思谷景区、广西北海日不落海景酒店、广西北海招商旅行社、广西桂雅麒麟商务酒店、广东忆田上（旅游）服饰有限公司等文旅和电子商务企业。另外，微谋科技在助力广西乡村振兴中做了大量工作，同时微课科技的成员也参与了不少广西的文旅活动，包括每年的红色之旅、大学生"三下乡"活动、2018年广西北海市旅游节、广西南丹县电子商务基地运营活动、广西凌云县白毫茶的营销和电子商务活动、2021年百色芒果节等。创业团队成员获得了中国"互联网+"创新创业大赛国赛入围奖等近20项广西壮族自治区区级及以上的奖项。同时，实训营各个团队参与的商务实践活动经收集整理，均被工作室转化为课堂上的生产性实训教学资源，应用于教学。因此，这些也成为广西壮族自治区区级教学资源库旅游管理专业的重要内容。

郑忠阳大师工作室通过组织这一实训营，实现了指导孵化创新创业工作、职业教育服务社会和职业教育资源的转化。

5 旅游职教 "1+3" 产教融合模式的创新

　　产教融合是现代高等职业教育改革的制度创新，它实现了产业链和教育链的有机融合，产业与教育依托相互的资源和优势，以服务社会经济发展为宗旨，以校企合作为载体，协同发展，协作育人。从与中职院校的对接合作，再到与本科院校的应用型本科人才培养实践，我们的工作室一直在旅游职业教育产教融合实践中，努力寻找自己的合理方式。结合产教融合特点，工作室团队成员不断总结，逐步创新形成了旅游职教 "1+3" 产教融合模式。这一模式的核心是旅游职教 "1+3" 产教融合模型，这一模型的目的就是希望能探索出一种可推广的、具有广泛指导价值的产教融合工作途径，从而方便旅游职业教育单位根据自身实际，灵活应用，创新实现产教融合。

5.1 旅游职教"1+3"产教融合模型研究

实践是检验真理的唯一标准。我们的实践是基于大师工作室条件下在旅游职教产教融合的不断探索。在研究过程中我们发现，产教融合需要组织者，也需要实践者。组织者自然应该由工作室团队成员担任，但实践者的角色不仅需要企业来扮演，更需要学生也能广泛参与到角色扮演中。可是如何组织呢？

首先，由大师工作室校内教师牵头，组织成立大学生创新创业实训营。我们把实训营作为产教融合工作的基本运营单位。组建实训营的目的有三个：一是实现产业与教育的融合，产业为高等职业教育提供物质支撑，高等职业教育为产业发展提供智力支持，实现了产业要素与教育要素的协同配合；二是实现企业与学校的融合，校企合作是产教融合的落脚点，企业与学校之间资源互通、优势互补、利益共享；三是实现生产与教学的融合，企业的生产实践与学校的课堂、教学相融合，实现了教师的教学内容与学生的岗位能力对接，生产过程与教学过程对接。

其次，大师工作室校内外全体指导教师，采用现代学徒制教学，通过指导创业项目、调配企业资源、辅导创业项目参赛等，实现学生理论学习与社会实践的同步进行。这些创业项目均面向社会实际运营，并由项目组自负盈亏。在创新创业活动中，学生完成对知识的深入学习和能力转化。特别地，通过组织学生参与实践项目，学校还能完成对学生职业道德、职业素养的培养与塑造。

另外，在大师工作室的项目运作过程中，校内的指导老师们还要同时完成生产性教学资源的整理和完善，校内教师在进行理论教学时又能将这些教学资源融入课堂教学中。另外，校内教师还要同步进行实训教材建设，助力学生的理论学习。

工作室的实际运行中，大学生实训营是一个动态的团体。实训营不断吸纳新成员，又不断搜寻新资源，不断创新新项目。基于大师工作室条件下的"1+3"产教融合模式的理论基本模型如图5-1所示。

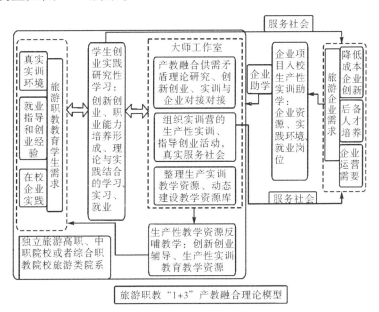

图 5-1　旅游职教"1+3"产教融合理论模型

从图 5-1 我们可以看出，旅游职教"1+3"产教融合模式，以校内教师主导，通过技能大师协调企业资源，组建创新创业项目为企业提供服务；学生从中获得生产性实训和创业机会；校内老师整理生产实训教学资源、动态建设教学资源库；校外技能大师和企业导师也加入职业教育教师的队伍中，实现自身角色的自然转换，助学助教；旅游职教"1+3"产教融合模式的运行在降低了企业运营和学校人才培养成本的同时，又实现了职业院校与企业的共赢。

本书从旅游企业当前发展的实际需要寻求突破口，研究企业对大学毕业生能力的需求，创建理论模型、完善"双主体"大师工作室建设、设计孵化创业项目、组织生产性实训、建设教学资源库等，将理论研究与实证研究结合，创新构建了旅游职业教育"1+3"产教融合模式。

"1+3"中的"1"，即建立 1 个与产业密切协作的"双主体"大师工作室，作为整个体系的运行核心。"双主体"大师工作室，区别于一般院校的校外大师入驻院校的大师工作室模式，它是指一个由特定关系的校内教师和校外专家组成的教学工作的基本组织单元，校内教师以一名优秀教师为核心，由他带领若干中青年教师，协同校外技能大师或者企业专家，向外链接企业和社会资源，对内链接学生学习和创新创业。"双主体"大师工作室，解决了校外大师入驻学校后，大师教学精力不足、技能领域单一、主动教学经验有限等难题。"双主

基于大师工作室条件下旅游职教"1+3"产教融合模式的创新研究

体"大师工作室在校内教师的主导下具体对接企业需求，协同多位技能大师和不同企业，设计大学生创业项目和生产性实训项目来服务企业；整理教学资源，建立动态教学资源库，采用现代学徒制教学；整合社会资源、企业资源和技能大师的技术资源，创新人才培养模式。

"1+3"中的"3"，就是指要完成 3 个与"学"相关的过程，即第一个"学"是指学生通过创新创业实践和生产性实训，服务社会并开展研究性学习；第二个"学"是指企业将商务资源引入校园，成为生产性实训资源，助力职业教育教学；第三个"学"就是指"双主体"工作室的教师通过收集、整理生产性实训中的素材，输入学校的教学资源库，从而实现产教融合反哺教育教学。

企业经营是连续的和系统的，但其与学校合作项目的企业商务内容又必须是分解项目的形式，因此，"双主体"大师工作室的校内教师与行业技能大师须将企业的商务资源进行整合、调整，才能将这些资源应用于学生的实训项目。

这一模式包含三个方面产教融合的具体内容。第一，企业助学。在行业技能大师的配合下，"双主体"大师工作室的校内教师将企业需求分解，以单体项目的方式进入学校，支持学生开展创新创业活动，以项目运营或项目孵化的方式为企业服务。企业在获得相应利益的前提下，实现企业助力职业教育教学的过程。第二，学生研学。依托企业需求，学生开展创业实践或参与真实项目运营。在服务企业的同时，通过特色的组织方式形成创业者带动创业团队、创业团队带动创业社团成员、进而带领全体学生参与项目的氛围，形成具有真实生产环境的实践学习过程。第三，反哺教学。学校通过"双主体"大师工作室的校内教师，整理制作动态的教学资源（包括商务过程相关创意设计、商业模式、技术技能规范与标准、运行过程真实素材、提炼升华微课、开发特色教材等），并依托这些资源协同企业组织生产性实训，引导教学目标的制定更加贴近行业标准和实际，从而实现反哺教学。

如上所述，旅游职教"1+3"产教融合模式在以下几个方面有了创新性突破：

5.1.1 经过深化和改良，创新了"双主体"大师工作室的结构和功能

"双主体"大师工作室改良了常见的大师工作室运作模式，使之成为具有特色的大师工作室，是本书研究中的一个重要部分。近几年，职业院校普遍都成立了各类大师工作室，它被当作产教融合的一个基本载体和节点。如前所述，"双主体"大师工作室具有承载"双主体"教育思想的良好功能，有效地构建了具有长效机制的内部结构，理顺了教育部门与企业的关系。

5.1.2 创新设置了创新创业实训营，组建大学生创新创业组织，创新了产教融合通道

"双主体"大师工作室结合了大学生创新创业工作的特点，使学生在校期间就能够参与现代生产性实训，参与企业真实的商业运营环节。这种产教融合模式，既满足了学校的教学与学生的创业的需求，也满足了企业的需求，实现了知识和实践的价值转化。

5.1.3 创新产教融合理论模型

该模式突破传统校企合作的方式，由工作室教师负责引入具体的商业项目，创新了旅游职教"1+3"产教融合理论模型。这一模式细化和改造了大师工作室的工作模式，以校内教师工作室为核心，联合校外大师或者企业，共同承担产教融合的组织工作，满足了企业与学校各自的需求，科学地解决了产教融合中的各方矛盾。

5.1.4 系统创新

该模式系统地解决了当前旅游类职业院校，在产教融合中的企业和学校、利益与目标不统一的问题。

目前，企业和学校简单的"顶岗实习"式的合作中分段式的教学模式使学生的理论学习与实践严重脱节。大师工作室

建立和完善了人才培养管理体系，使工作室的功能和作用得以充分有效发挥。

5.2 旅游职教产教融合的实践与收获
——以郑忠阳大师工作室为例

历经 4 年多的时间，郑忠阳大师工作室团队对产教融合模式进行了实证、细化、整理，相关成果可以归纳为以下三个方面：

5.2.1 实现三方共赢

孵化大学生创业项目，融相关知识与技能于具体商务活动；以生产性实训服务教育教学；构建有特色的教学资源库。

郑忠阳大师工作室在实践中，建成了包含大量生产性实训教学资源的校级动态教学资源；出版校企合作教材 8 部，拍摄专业相关微课视频百余部，在智慧职教和学习通等平台上传了线上教学视频，这些教学视频被广泛应用于旅游职业教育和职业技术培训。另外，广西国际商务职业技术学院在 2020 年获得了广西壮族自治区区级旅游管理专业教学资源库建设资格。

5.2.2 创新创业人才培养模式喜结硕果，服务社会效果显著，实践育人推动"三全"育人工作

创业学生成长喜人，近两年来，参训学生获得包括"互联网+"大赛在内的各种自治区及以上级别的创新创业大赛银奖、铜奖 10 项；工作室孵化学生企业 3 家；创建已经独立运营但未注册创业团队 6 个；组织学生团队与 20 多家广西各地企业开展实质性商务合作，服务于乡村振兴项目，受到广西壮族自治区商务厅、广西壮族自治区农业农村厅等政府部门的肯定。4 年来，累计进入实训营参与创业项目的学生超过 300人，尤其是本模型下的创新创业内容，可以转化为教学资源，应用于常规教学，满足了全体学生的学习实践需求。全体学生都能享受到这一模式带来的真实的、动态的教学资源，这一模式为"三全"育人探索了新路径。

5.2.3 基于产教融合实践，深化教学改革，推动教学科研工作

团队教师已开展的各种课题研究（包括 2 个省部级教改课题）共 8 项；助力完成本校国家级高职旅游管理实习实训基地的验收；开发了旅游电子商务产学双用系统软件（获得国家软件著作权 1 项）；发表相关论文 20 余篇。

5.3 旅游职教"1+3"产教融合模式的思考与探索

《国务院办公厅关于深化产教融合的若干意见》（以下简称《意见》）提出，产教融合的根本原则是：统筹协调，共同推进；服务需求，优化结构；校企协同，合作育人。《意见》强调构建教育和产业统筹融合发展格局，加强产教融合师资队伍建设。创办"双主体"大师工作室，是完全符合这一原则的。同时，我们还要注意，《意见》中提到的支持企业技术和管理人才到学校任教，鼓励有条件的地方探索产业教师（导师）特设岗位计划等内容，在实际职业教育工作中，必须通过合理的方式来落实。首先，企业技术和管理人才要有足够的时间才能来学校任教，恰恰那些优秀的企业人员在企业也担任要职，并无太多时间抽身来做本职工作以外的工作。其次，企业员工也不能随意把企业的资源用于职业教育工作。而通过"双主体"大师工作室这座"桥梁"，这些问题都迎刃而解。显然，旅游职教"1+3"产教融合模式的应用价值在于解决旅游企业与公办院校之间在利益和机制中的冲突，为企业与学校及学生找到三方利益的结合点，找到突破性的科学模式，有效解决当前旅游职教中实践实训与理论教学脱钩的问题。

这一产教融合模式可以被理解为：以"双主体"大师工作室为核心，以学生创新创业组织为抓手，以企业资源为动力，以产教双方互利为目标。如果深入挖掘这一模式的合理性，我们可以发现有两个重要的理论基础。

5.3.1 系统论是本书研究的重要理论基础

系统，是指系统要素相互作用的综合体系。职业教育是一个由众多产业要素与教育要素形成的复杂系统，具有典型的社会系统特点。例如，企业根本的诉求是利益，高校的核心使命是教育，采用"双主体"工作室结构形成内外衔接机制，构建合理的产教融合体系，可以实现双方的实时对接和利益相互让渡。

5.3.2 社会学理论是本书研究的支点

我国职业教育领域已经在校企合作方面开展了很多探索，并取得了一定成效，但同时也汲取了很多教训。社会学理论的观察、实验和比较方法提示我们，失败的原因在于我们忽视了职业教育中的生态问题。由于部分高校未能做好校企合作科学布局，部分企业过于看重短期利益，其校企合作、产教融合模式应用呈现表象化。

5.3.2.1 共生理论

19 世纪 70 年代末，德国真菌学专家德贝里提出了"共生"概念及相关理论。共生理论认为生物之间，基于生存发展的需求，它们会采用某些方式彼此依存，并形成一定程度的协同、进化关系。21世纪初，在《走向共生》一书中，他对共生理论的应用范围进行了拓展。他认为，在社会学领域，人际关系中存在着利益冲突及互补。共生理论以斗争、妥协等不同的方式，存在于社会学领域；和谐的共生关系能够促进社会良性发展。在校企合作领域，共生现象主要是在相关部门、高校、企业这三者的互动中形成和谐、双赢关系，并打造成一条人才供需生态价值链。相关部门、高职院校、企业是校企合作中的利益主体，它们相互依存，形成共生生态系统。从社会学角度看，企业以自身资源投入，并支持应用型本科高校发展，是其应该肩负的责任之一。企业要充分调动自身资源，给学生拓展实践实训渠道，建立长期紧密的合作模式，在更高层次上助力各类应用型人才培养。

5.3.2.2 协同理论

斯图加特大学理论物理学赫尔曼·哈肯（Hermann Haken）教授于20世纪70年代中期，构建了协同学的理论框架。该理论也被称为管理协同理论。该理论能够揭示多种现象从无序向有序演变的基本规律，能展示无生命体和有生命体之间的客观联系。管理协同的本质是各主体经过协调、配合以实现整体稳定发展，进而实现"1+1>2"的协同效应。赫尔曼·哈肯认为，系统的各子系统之间相互协作，形成微观个体所不存在的系统整体的特质和特征。校企合作协同育人要形成一个有组织、有层次、具有开放性的系统。它由业务协同、个人协同、团组协同、管理协同四个层次构成。为实现校企协同，并达到整体最优目标，需要共享资源，实现各要素的优化组合。为实现整体价值的增值，必须识别协同目标，明确各要素协同的必要条件，充分调动协同参与主体的积极性，构建协同机制。在校企合作协同机制中，各参与者的利益协同、目标协同，以实现互动互融的协同效应。

6 旅游职教"1+3"产教融合模式的应用实践

——以广西国际商务职业技术学院文化与旅游学院为例

广西国际商务职业技术学院文化与旅游学院以旅游行业为背景,以服务区域经济为宗旨,以牵头学校专业群为纽带,强化校企合作。学院积极建立大师工作室,拓展实训资源,创新职业教育发展模式,探索职业教育的新机制,使人才培养模式更加符合社会发展新要求。学院基于深度开展产教融合的目的,以大师工作室为核心,以现代学徒制教育活动为基础,形成创新创业和生产性实训两种规范、成功的实践渠道。按照开放融合、资源共享的原则,文化与旅游学院在紧密对接产业链的基础上开展实践教学条件建设,依托大师工作室开展四个分级递进的现代学徒制培养活动:第一阶段,学生加入创新创业实训营,参与项目设计,入校即为初级学徒;第二阶段,学生参加生产性实训，晋级中级学徒；第三阶段，学生参赛获奖并参与创新创业或者到企业顶岗实习后晋升高级学徒；第四阶段，学生参与创业，为出师学徒。

因为"双主体"大师工作室具有合理的组织模式和运营流程，也直接实现了对青年教师的沉浸式培养，相对于传统的人才培养模式，有利于完成有效的教学团队建设；在服务社会方面，将职业教育成果融入地方建设中，为地方经济发展做出了贡献。

6.1　通过旅游职教"1+3"产教融合模式开展师资队伍建设

随着供给侧结构性改革的推进，旅游产业结构的优化升级，我国旅游业发展业已入新阶段，如今的旅游者更倾向于选择中高端产品，他们追求产品质量和精细化服务。因此，旅游行业对人才有了新的需求，旅游业要提档升级，行业急需爱岗敬业、专业扎实、技能娴熟的"双师型"人才。目前，大多数高职旅游专业教师忙于日常教学事务，很少到企业去实践锻炼，对旅游行业企业发展趋势、业务情况、岗位职责、岗位内容、人才需求等的认知是比较模糊的，教师的专业教学内容与企业实际工作标准要求差异较大，教师的实践教学能力需要进一步提升。教师作为培养有效供给人才的执行者，其自身存在的问题将导致培养的人才与企业的需求差距比较大，学生能力很难达到旅游企业的标准。在笔者看来，一支合格的旅游职教教学队伍，需要更大比例吸纳真正的"双师"素质的教师，而具有"双师"素质的教师不是简单地具备"双师"证书。

各产业的不断发展要求职业人才的"双师型"教师必须能够紧跟时代，适应旅游新业态的变化，不断更新自己的职业技能。所以，合格的"双师型"教师的培养具有持续性和长期性。在目前这种情况下，常规的教师团队培养，整体上缺乏动态化管理过程。比如，目前的部分院校教师只是考取某一方面的技能证书，或者阶段性地参加企业实践……实际上这些无法保证其职业技能的不断更新，学校教师管理制度也基本无法保障教师"双师"能力的持续性发展。研究证明，教学团队的建设不是孤立的和静止的，学校要与企业形成有效的、长期的合作机制。教学团队建设中不可缺少必要的过程化的教师考核评价体系和标准，教师的"双师"身份不应该仅依靠职业技能证书和职业资格证书来鉴别。有效提升教学团队教师的专业实践技能水平，才能满足企业对人才的需求。本模式中的企业级项目协作和师徒传帮带机制，同时也是旅游职教教学团队建设的一种创新。它具有良好的可复制性，有效解决了当前旅游职教中教师实践实训与理论教学脱钩的问题。

当前新旅游业态发展迅速，企业对人才的需求量和具体要求也在不断更新变化，如需熟练掌握云旅游、智慧旅游方面的技术和技能，具备旅游社会化营销工作经验等。这些变化就要求高职院校的教师具有敏锐的市场观察意识，时刻关注先进管理方式、新兴专业技术，并能够同步更新自己的知识和技能，迅速将这些技术和技能运用于教育教学。如此，他们培养出的学生才能满足新时期企业的用工需求。

实践证明，"双主体"大师工作室是教学团队建设的一个有效组织形式。"双主体"大师工作室既是教研机构，又是对高职院校教师进行沉浸式成长培育的机构。在常见的技能大师入校创建的大师工作室的实践案例中，校外技能大师入驻学校后，往往没有足够的精力和时间投入教学中，且一般只是带少量学徒进行技能传承，其在教学经验与能力方面也会有一定欠缺，这本身就是很大的资源浪费。"双主体"大师工作室中的专、兼职结合的"双师型"教师队伍，既是高素质技能人才培养的关键因素，又是产教融合发展的重要保障。"双师型"教师是"双主体"大师工作室师资队伍建设的一大特色，"双师型"教师意为"双证型"教师、"双职称型"教师或"双素质型"教师，它要求教师具备良好的职业道德、极佳的创新精神、高超的职业技能和较高的教学素养。培养"双师型"教师，可以通过以下几种途径：①可以选派优秀教师到企业锻炼或兼职，在教师兼职过程中，企业依据自身的多方面的需求，对教师进行多渠道、多元化的培养，使师资队伍与企业需求高度融合，从而提高教师的职业技能，完善教师的知识体系，增强教师的实践能力，使之更好地为人才培养服务；②学校聘请具有实践经验的技术骨干作为兼职教师。企业技术骨干作为高职院校的兼职教师，也要相应地提升自身的教育理论素养，提高自身的教学技能，尽可能地以生动有趣的方式，在课堂中向学生传授技术技能，从而培养更多高素质的应用型人才。

职业教育的教师必须具有"双师"素质，他们不但要掌握较强的专业理论知识和具备教育教学能力，还要具有一定的专业实践能力和实践应用能力。现代学徒制下的高职教师不仅要进行专业理论知识的课堂教学，对学生校内实践进行技能指导；还要参与企业的技术开发与技术创新，帮助企业解决技术上的难题，为合作企业提供技术服务与技术指导。

6.1.1 基于"双主体"大师工作室的教师"双元"身份

基于"双主体"大师工作室，学校教师队伍可以形成旅游职教"双元三维四通道"教学团队建设体系。其中"双元"是指"双主体"大师工作室条件下的两种身份：教育者和企业家。在"双主体"大师工作室中，青年教师既可以向技能大师请教技术方面的问题，技能大师也可以接受优秀教师关于教学方面的指导。

在这里，中青年教师能获得最优的成长环境。因为大师工作室既扫清了企业家进入高校的障碍，也拓宽了教师进入企业获取实践经验的途径。

在"双主体"工作室内部，企业家和校内专家团队无障碍交流、互补互助，企业家与教师团队共同开展专业建设、课程教学、技能指导和技术服务等，拓宽了"双师型"教师队伍培养路径，形成双元主体，联合育人。这一育人模式实现了职业教育的"三对接"，即对接现代文旅行业和岗位需求；对接职业教育教学改革的新要求；对接国际化、信息化的新趋势。通过工作室的桥梁，企业获得利益，学校实施项目式教学、校外实地教学、"云课堂"、"智慧课堂"教学等多种教学方式，充分发挥学生的主体性作用，既提升了教学效果，也有效实现了课程标准与职业资格标准的协同，课程设置与业态更新的协同，教学实践与岗位创新的协同。

6.1.2 基于"双主体"大师工作室教师培养的"三维"结构

旅游职教的教学团队建设体系要兼顾三个产教融合工作的维度，使教师团队能够从企业助力职业教育的维度提高对企业认知，从职教服务社会的维度开展教学教改，从孵化创业的维度创新教学资源。"双主体"大师工作室的教学团队在课程标准、专业建设方面，能够非常容易地实现企业标准与教学标准的无缝对接。教师在教学中也能够很直接地将课程教学流程对接到旅游企业的经营实际中。在旅游产品和旅游商品设计、销售、售前及售后服务、危机公关、旅游电商等教学环节，工作室一般是通过学生团队自主项目，为企业提供生产性服务。这样一来，学生可以体验企业运营的大多数环节，使所学理论学以致用。这种模式实现了专业教育和创业教育的有效融合，进一步深化产教融合，使教师团队有机会从三个维度开展工作。这三个维度的工作有效保证了旅游职教教学团队建设中在服务社会、课程资源、教学改革三个方面的工作效果。

6.1.2.1 第一个维度

第一个维度体现在服务社会方面。高职院校与企业在产教融合的支持下，既为当地培养出更切合生产实际的高素质技能型应用人才，高职院校的办学目标得到了体现，又反哺了高职院校专业制定、课程体系建设、实验实训课程设置等；企业在与高职院校开展产教融合的过程中，大师工作室中的高职院校教师的科研成果直接转化为企业产品，使得企业在技术创新、社会服务水平等方面得到全面提升。

6.1.2.2 第二个维度

第二个维度体现在开发课程资源方面。由工作室导师和专业带头人共同牵头组建课程资源开发工作小组，紧扣工作室产品或服务的市场需求、岗位需求选取课程内容，细化工作室生产任务，设计学习项目；针对具体岗位能力要求和素质要求，设计模块教学目标；依托工作室资源开发模块资源；依托工作室平台营造信息化教学环境。

6.1.2.3 第三个维度

第三个维度体现在对教学改革的推动方面。大师工作室的组建，为学校教师提供了实践机会，教师可以深入企业的一线车间业务，去了解市场情况、技术设备等，对工作环境有充分的了解，从而准确把握了岗位对人才、对技能的需求情况，这些都能对教学改革起到积极的推动作用。

6.1.3 "双主体"大师工作室教学团队培养的四个通道

在教学团队建设中，要兼顾上述三个维度目标，就必须通过四个方面的工作内容，形成团队建设的工作通道。这四个通道分别是：生产性实训开发与应用、教材创新与编写、教学数字化实践、科研协作。

6.1.3.1 生产性实训开发与应用

现代职业教育普遍都重视生产性实训。而旅游职业教育中，由于其环境安全、实训设备简单，生产性实训操作比较容易实现。在旅游旺季时，专业教师可带领学生前往合作旅游企业的基层岗位开展实习活动，培养学生对旅游岗位认知能力，提升其对旅游行业的了解水平。在旅游淡季时，学生返回学校进行文化课及专业课程的学习，此时他们可利用"两个平台"，进行线上学习与线下实训基地模拟练习，真正将通识教育与专业教育结合起来。

6.1.3.2　教材创新与编写

教材是教学的基础。对于日新月异的旅游业态而言，与时俱进的知识和实践内容是教材的生命力所在。教师团队应及时修订教材内容，及时根据行业的发展变化修订教材，为教育教学服务，同时也应不断提高自身的理论与教学水平。

6.1.3.3　教学数字化实践

教学信息化已经成为最基础的技术要求。对于旅游行业来说，各类航班、高铁、酒店数据总量庞大，具有较强的数据处理能力可以算是旅游从业人员的基本要求，对于学校教师来说，更是如此。工作室教学团队首先要注意提升自身使用数字化技术的能力，并将其充分应用于教学资源数字化和教学过程数字化的过程中，这样也可以有效提升课堂教学的水平。

6.1.3.4　科研协作

一个结构合理的团队，优势明显，在科研工作中，更是如此。团队中，科研带头人组织团队成员积极参与科研工作，从而极大地提升教学团队的整体水平。科研协作水平的提升不仅能够提升团队成员的科研水平，而且能形成良好的科研氛围。

通过这四个通道，教师的实践能力、教学资源的转化水平大幅度提升；同时，其教学水平和科研能力也进一步得到提升。

旅游职教"双元三维四通道"的教学团队建设体系，可以解决现有旅游职教产教融合的条件下教师的学习和进取方向不明确、旅游职教教师对未来发展感到困惑和旅游职业教育教师团队与其他教师团队建设的同质化问题。

在产教融合时代，如何找到合理的师资队伍建设的新形式，是打破传统教学团队建设格局、培育新型教师团队的关键。要结合"双主体"工作室的工作实践，完成团队建设的微整合、细管理，促进教师的个性化发展，使其更能适应产业新发展，更能追踪文旅新业态的变化和人才需求。

6.2 "1+3"产教融合模式对促进旅游 职业教育"三全"育人的支持

"1+3"产教融合模式的重要作用还体现在其能够在三全育人方面形成特色育人体系。"双主体"大师工作室教师团队在提高工作室的思想高度方面做了相关探索，提出开展教学、实践工作时对学生进行思想引导，"育才先育心，成才先立志"，把握教育的思政方向，并积极引导学生参与各项活动，对学生健康成长起到了至关重要的作用。工作室建设与"三全"育人教学体系紧密融合。该模式中的产教融合充分对接创新创业，实践育人环节完整，从知识到实践，再到职业素养、职业道德方面实现于全方位育人，全体学生都有机会在这一模式中找到自己合适的角色。总体来说，我们可以将"1+

3"产教融合模式在三全育人方面的经验概况为"一个基础，两种渠道，三类实践"：

一个基础：以校内教师工作室为基础，践行现代学徒制；

两种渠道：通过创新创业和生产性实训两种渠道培育高职人才；

三类实践：通过三类特色实践（服务社会、红色之旅、反哺教育），延伸和完善"三全"育人教育。

6.2.1 打牢一个基础，践行现代学徒制

根据"开放融合、资源共享"的原则，广西国际商务职业技术学院以工作室为核心，在紧密对接产业链的基础上开展实践教学，针对学生制定了四个分级递进的现代学徒制培养模式（前文已详述）。

郑忠阳大师工作室中先后组织了南珠饰界、桂族休闲、广西驾到、陶器煮意、古船印象、田上云圩、微谋传媒等生产性实训项目，并组织学生参加这些项目的运营实践、创业，真正实现了"把企业办在校园、把课堂搬到一线"的目标；工作室组织学生在各级创新创业类赛事获得多项荣誉；另外，工作室团队成员还积极推进教学资源库建设。截至 2021 年年底，与广西国际商务学院文化与旅游学院建立了实习实训合作关系的企业有 30 余家，这些企业，既是投资人，又是学校的客户，更是教育合作伙伴。这一模式实现了产教的深度融合。

6.2.2　畅通两种渠道：创新创业和生产性实训

首先，在创新创业教育中，郑忠阳大师工作室组织开展的各类大学生创新创业实训营，不仅针对学生进行了各项创新创业的理论教学，还同时为他们提供了真实项目进行运营练习。学生在创业项目运营的同时，工作室还选拔其中优秀的学生参加各种创业类比赛、以赛代练，以赛强训，不断提升学生的创新创业能力。

在生产性实训资源方面，这一模式将从企业运营中的实际案例进行整合，形成大量生产性实训资源，我们将这些资源有机融合进教学中；通过产教融合，创业团队和实训营师生积极参与各种服务社会工作，如为北部湾千年古陶公司、崇左雨花石景区、北海日不落酒店等十多家企业提供定制服务，工作室的教师带领学生参与线路设计、企业洽谈、现场实战测试，组织和带领全体相关课程学生收集产品设计所需要的基础资源素材等，开发了具有独立知识产权的忆田上品牌原创食品，研发了微谋系列定制旅游产品……这一切活动都被整理成了鲜活的素材，成为最生动的教学资源。

6.2.3　开展三类活动：服务社会、红色之旅、反哺教育 的相关情况与成果

工作室团队主要组织开展了三类活动：服务社会活动、红

色之旅活动和反哺教育活动。

6.2.3.1　第一类活动：服务社会活动

工作室借助合作企业真实的社会商业项目对学生品质、能力、职业素养、创新精神进行培养。而服务社会，正是对学习成果的最好应用。文化与旅游学院以创业项目孵化的方式，组织了十个项目实践，下文以广西驾到和陶器煮意两个项目为例，对服务社会活动进行介绍。

广西驾到项目始于 2017 年，该项目主要是应用互联网技术，为旅游企业提供旅游电子商务服务业务。该项目策划人致力于建设一个专注于广西的线上旅游定制服务项目，尤其是从自驾游等旅游新业态入手，为学生带来新兴的旅游职业教育实践内容。同时项目组也力求能为广西的旅游业发展做出探索。该项目得到了社会各界的广泛支持，尤其是北海市的旅游部门，它们为项目的运营提供了大量资源和支持。截至 2019 年年底，该项目已经基本成型，社会效益和经济效益显著。特别地，该项目结合了旅游业海上丝绸之路的文化热点，整合企业资源，传承岭南文化，开发了海上丝绸之路的文化旅游定制产品。该项目围绕海上丝绸之路文化，结合北海当地的红色文化和民俗文化，开发设计了一系列研学旅行课程，形成了不同的个性化旅游定制产品。该项目在试运营期间已经组织过十多次研学旅行，2019 年，项目组已完成产品线资源准备工作，并在针对中老年团体、企业管理层等的研学产品开发上形成特点，体现广西驾到的定制特色，具有相当高的社会效益。

陶器煮意项目自 2018 年策划、逐步探索运营以来，收入已实现稳步增长。为响应当时的扶贫政策，陶器煮意项目自创立以来，不仅致力于弘扬广西八桂文化，而且积极加入广西脱贫攻坚战，将广西特色产品——坭兴陶（中国四大名陶之一）、六堡茶与六龙茶（广西名茶）有机结合，并形成陶器煮意营销品牌，努力振兴广西坭兴陶与广西茶产业，为广西坭兴陶手艺人与广西六堡茶、南丹县六寨镇茶农增加收益，为乡村扶贫、乡村振兴尽了一份绵薄之力。尤其是该项目针对贫困县南丹的六龙茶，工作室与南丹六寨茶厂达成了合作协议，在向茶农购买生茶的基础上，加收茶叶梗，并尝试将它们制成茶包，每年为当地茶农增加收入近百万元。截至 2020 年 7 月底，该项目帮助了多位贫困学生、茶农和坭兴陶工人，并带动就业 100 人以上，其中包含建档立卡户 31 人。2019 年至今，项目组已经免费培训社会五类人员 150 人，帮助他们都顺利取得了职业技能证书（初、中茶艺师），并推荐他们在茶馆、茶城等茶企业就业。

6.2.3.2 第二类活动：红色之旅活动

红色之旅活动，是指响应全国统一开展的"互联网+"大赛红色之旅活动的号召，创业项目团队组织的各种与红色教育相关的社会活动。这些活动既是创业项目，也是实践育人的社会活动。教学与学习、练习与实践、创业与创新等有机结合，包括"三下乡"社会实践活动和配合创新创业的"青年红色筑梦之旅"活动。三年来，工作室的创业团队在工作室指导下组织了多次大型红色文旅的活动：

（1）"丝路新世界 青春中国梦"暑期"三下乡"社会实践活动。为深入学习宣传贯彻党的十八大和十八届三中、四中、五中、六中全会、习近平总书记系列重要讲话精神以及习近平总书记视察广西时发表的重要讲话"写好新世纪海上丝绸之路新篇章"，2017 年 7 月 13 日至 18 日，广西国际商务职业技术学院师生一行 23 人赴北海市铁山港营盘镇青山头村开展以"丝路新世界 青春中国梦"为主题的，集乡村旅游线路调研、旅游服务质量提升等活动于一体的暑期"三下乡"社会实践活动。

（2）传承巾帼戍边精神，助力地方经济发展之"青年红色筑梦之旅"北海行。

为学习贯彻习近平新时代中国特色社会主义思想和党的十九大精神，深入落实习近平总书记给第三届中国"互联网+"大学生创新创业大赛"青年红色筑梦之旅"的大学生重要回信的精神，加强大学生思想政治教育，引导青年学生扎根八桂大地、了解区情民情，2017 年 5 月，工作室组织了助力电商下乡和旅游扶贫活动，切实解决了北海市海城区唯一贫困村赤西村农副产品销售"最后一公里"的问题。工作室与北海市海城区旅游局、北海廉州湾投资开发有限公司、北海市高德街道办事处合作，组织了广西国际商务职业技术学院创新创业项目团队、青年学生代表、创业园业主代表、北海市校友代表等到北海市海城区地角社区参加红色文化学习教育，赴海城区高德街道赤西村开展农村发展现状调研，并在现场开展乡村旅游的网络直播宣传，设计并推广当地的自驾旅游产品，与赤西当地农副产品项目对接，帮助他们建立营销渠道。

（3）2018年暑期的"三下乡"社会实践活动助推北海市乡村旅游发展。

为学习贯彻党的十九大精神和2018年的"两会"精神，高举中国特色社会主义伟大旗帜，坚定习近平新时代中国特色社会主义思想，组织引导广大青年学生深入基层，树立"四个自信"，增强"四个意识"，投身"四个全面"，2018年7月14日至18日，广西国际商务职业技术学院团委组织师生33人，赴北海市海城区赤西村、留下村、地角街道办，银海区等地开展"青春大学习，奋斗新时代"2018年暑期"三下乡"社会实践活动。此次活动集旅游质量服务提升、民俗产品宣传展示、美丽生态北海宣传、国情区情调研、创新创业创优培训等活动于一体，取得了良好的社会效益。

（4）对接瑶乡特色资源，助力南丹精准扶贫——广西国际商务职业技术学院"青年红色筑梦之旅"南丹行。2020年7月9日，由广西国际商务职业技术学院举办的以"电商扶贫南丹行助力瑶乡奔小康"为主题的"青年红色筑梦之旅"南丹行活动。本次活动是广西国际商务职业技术学院为深入落实习近平总书记给第三届中国"互联网+"大学生创新创业大赛"青年红色筑梦之旅"大学生重要回信的精神而开展的。该活动受到南丹县商务局、文化广电体育和旅游局、里湖瑶族乡人民政府、广西国际商务职业技术学院驻南丹县里湖瑶族乡扶贫工作队的大力支持。

6.2.3.3 第三类活动：反哺教育活动

将创业与生产性实训结合，并将实训资源用于教育教学，组织反哺教育教学活动，促进教改和三全育人，是本模式实践育人体系重要的组成部分。郑忠阳"双主体"大师工作室是由广西国际商务职业技术学院具有丰富企业实践经验的旅游电子商务专业的郑忠阳教授牵头组建的，工作室聚集了该校具备现代旅游业技能的教师和相关企业的各技能大师，共同探索现代学徒制在高职旅游业的特色实现途径。面向"互联网+"旅游的现代旅游业，工作室创新性地通过辅导大学生创新创业实训营，孵化创新创业项目。另外，工作室成员教师还指导大学生实际参与旅游项目的运营，收集和整理实训过程中的开发生产性实训教学资源，从而实现反哺教育教学。

截至 2020 年上半年，工作室完成了旅游商品电子商务生产性实训资源库的框架建设并积累了产教融合企业资源 20 余家；组织学生参与各种微课制作和网络营销教学工具建设；开发广西第一个旅游电子商务产学双用教学系统，预计该教学系统建成后，将有效融合线上线下资源，更好地服务团队的创业实践，更好地营造大众的创新创业氛围。

目前毕业学生的创业公司、产教融合的合作企业均成为广西国际商务职业技术学院文化与旅游学院的生产性实训教学资源的提供单位，以及企业师资的输出单位。企业将自己的实际运营内容输入课堂，实现即时的校企互动、学习教学生产互动，使文化与旅游学院的教学改革和实践进入新的阶段。实践育人体系有效地反哺教育，这不仅从教学实践内容上，也从全方位育人的角度，为本学院的职业教育和育人工作提供了有力支持。

6.3 "1+3" 产教融合模式服务社会，在中小旅游企业社会化营销领域的实践

在新冠肺炎疫情影响下，直播经济的发展推动了文旅行业以云旅游、直播营销为新热点的社会化营销业务的开展。抖音和快手等短视频、直播平台迅速走红，已经有良好用户资源积累的微信公众平台、新浪微博等老牌的社会化媒体工具的商业用途也重新受到重视。由于社会化媒体的互动性、自主性、社会性等属性，中小旅游企业开始尝试大面积开展社会化营销业务。社会化营销便于企业及时、便捷、低成本地使用社会化媒

体发布和传播旅游企业的相关信息，同时企业又易于获取客户的信息和产品使用反馈，这是企业认可旅游社会化营销的关键。但社会化营销也普遍存在着专业人力资源短缺、社会化营销体系原创和运营成本高、内容缺乏创意和运营水准低等问题。

早在 2012 年，国家旅游局在《中国旅游业"十二五"发展规划纲要》（以下简称《纲要》）中明确指出，鼓励以各类网络媒体，门户、论坛、博客、微博等渠道资源作为目的地旅游营销载体，根据服务的客户群特征组织相应的旅游营销，提高内容的覆盖及影响力，降低营销成本。《纲要》提到的这类网络媒体，又称为社会化媒体，企业依托这些渠道开展的旅游营销活动，故被称为旅游社会化营销。《纲要》也被看作开启中国旅游社会化营销时代的标志性文献。随着短视频与直播的火爆，以网红导游、旅行相关短视频与直播为常见形式的云旅游、新社交旅游形式兴起。尤其是在"增强现实技术""视觉媒体"等与智慧旅游相关的技术不断发展情况下，社会化营销对旅游业营销的影响不可忽视。基于产教融合背景下的关于旅游市场社会化营销的研究，需要我们进行更多的探索。

关于社会化媒体概念，梅菲尔德·安东尼（Antony Mayfield）在 2006 年出版的专著《什么是社会化媒体》，给出了最早的定义：社会化媒体是一种给予用户极大参与空间的新型在线媒体。

本书认为，其他研究者均完善和细化了社会化媒体概念。例如，迪翁·欣奇克利夫（Dion Hinchcliffe）于 2007 年研究出社会化媒体定义基础性原则：①以对话的形式沟通而不是独白；②参与者是个人而不是组织；③诚实与透明是核心价值；④引导人们主动获取而不是推给他们；⑤系统不应当是集中式而是分布式结构。还有学者丹尼尔·斯科科（Daniel Scocco）认为，社会化媒体是各种形式的用户生成内容（user generated content，UGC），以及使人们在线交流和分享的网站或应用程序的集合。

但在 2010 年，安德烈亚斯·卡普兰（Andreas Kaplan）和迈克尔·海思莱因（Michael Haenlein）从社会化媒体的架构层面给出了更新的定义：社会化媒体是一组基于互联网的应用，这些应用建立在 Web 2.0（内容的创造和交流来自用户产生的内容）的理念和技术基础之上。

至此，社会化媒体的理论经过不断地补充和完善基本成形。

国内的社会化营销实践始于 2000 年左右。当时兴起的论坛、博客使网民制造内容的时代迅速到来，可以说当时在中国已经开始具备了社会化营销的基础土壤。网络社会化软件的迅速普及，使网络信息的传播方式发生了根本性的变化。随着腾讯系用户群的壮大，百度系社会化媒体逐步崛起，通过文字、图片甚至视频的分享流行起来，特别是在新浪微博 2009 年被推出后，搜狐网和网易等网站也相继推出博客，这些社会化媒体快速发展，并为社会化营销的发展奠定了基础。

在国内研究领域，王晓光在2008年提出了一些新的观点，为基于社会化媒体的社会化营销的开展提供了理论探索。他认为从情报学视角来看，社会化媒体是个体信息空间与公共信息空间互涉的产物；在传播学领域，社会化媒体则始于对博客这种"自媒体"现象的观察与思考。值得关注的还有魏武挥，其从传播的渠道和路径角度进行研究，并在2009年总结和提出了"社会化媒体改变以往媒体一对多的传播方式为多对多的对话"，并重点研究和强调了两个关键词：UGC（用户创造内容）和CGM（消费者自主的媒体）。

目前，国内外对社会化媒体的研究结论是一致的，即其核心是实现社会化媒体的用户间的双向沟通、广泛参与、平等交流。虽然国内学者对社会化媒体研究的时间略晚于国外，对社会化营销的研究热情颇为高涨，但高校的相关教学实践方面对其涉猎并不深入。目前，国内学者们对社会化营销的广泛定义为：社会化营销是利用社会化网络、在线社区、博客或者其他互联网协作平台和媒体来传播和发布资讯，从而形成的营销、销售、公共关系处理和客户关系服务维护及开拓的一种方式，通过自媒体平台或者组织媒体平台进行发布和传播资讯。

由于旅游行业在社会化媒体的内容上有着天然的优势，其内容更容易获得社交媒体用户的共鸣，容易产生传播效应，旅游业开展社会化营销已经非常广泛，形成了很好的行业基础。尤其是在文旅融合的背景下，文化与旅游在营销内涵、内容上的融合更加有利于社会化媒体进行营销推广，已经成为广大国内旅游企业营销的共识。

在旅游职教"1+3"产教融合模式的实践中，我们组织学生团队服务于中小企业的旅游社会化营销工作，结合中小旅游企业的真实需求开展项目运营，实现了在学生创业活动中为中小旅游企业社会化营销工作服务，完成了旅游企业的社会化营销体系建设，同时获得了旅游市场社会化营销过程中的生产性实训资源。

在中小旅游企业社会化营销领域，郑忠阳大师工作室团队开展了较多的旅游职教"1+3"产教融合模式服务社会实践，工作室组织实训营学生成立了多支团队。其中最典型的应用案例是2021年的百色"南果北卖"芒果节直播电商活动，该活动由广西壮族自治区农业农村厅主办。为了提升此次活动的效果，郑忠阳大师工作室组织了20多名实训营学生参加了这项活动，这些学生都是实训营的社会化营销项目队员，他们拥有一批社会化营销工具账号。按照项目管理方式，实训营统一组织各个团队参加了该活动的全程直播，为企业贡献了50%的流量，受到企业好评。

在文旅融合的背景下，利用社会化媒体进行营销推广，成为广大国内旅游企业的一致选择。新冠肺炎疫情使全世界的旅游业都遭受重创，国内很多旅游企业通过旅游社会化营销的方式开始自救，这也使旅游社会化营销迅速再度火热起来。旅游职教应针对旅游业社会化营销的热点，及时培养具有社会化媒体服务能力的学生。旅游社会化营销的发展是时代的新机遇，旅游社会化营销相关教育教学是文旅企业经济转型发展对旅游职教的新需求。在5G技术等新基建的推动下，文化和旅游业融合后的产业结构的转型升级，更快地向数字化、智慧化和社交化的方向发展，旅游市场营销青睐社会化媒体，也促使社会化营销成为旅游业新风口。

一般来说，开展社会化媒体营销的成本较低，许多旅游企业稍加组织就可以在社会化媒体上发布企业相关的产品和服务信息。通过社交媒体的粉丝关注效应和社群效应，企业既可以提升旅游品牌知名度，还可以通过用户传播，实现与潜在用户之间的沟通，获得新客户。这种营销方式甚至能让用户参与到旅游企业的旅游产品设计中，并且，用户还能通过体验与分享实现旅游产品的社会化持续性传播。

但是，大部分旅游企业在开展社会化营销的过程中也存在几个关键难点，严重影响了工作的开展。一是由于旅游企业的规模一般较小，缺乏专门人才。而企业专门设置社会化营销部门或者专门招聘这方面的人才的成本相对较高，投入与产出比较大，因此该方式不宜在小企业推广。二是现有人员在参与该工作前需要参加较为全面的社会化营销岗前培训。对于企业来说，社会化营销前期的培训和设备、网络资源投入成本较大，回收成本周期长，企业决策人不容易接受。因此，职业院校对产教融合进行探索，针对旅游社会化营销开展专题研究和实践，对旅游产业的发展、旅游市场的开发，以及对旅游职业教育进步都具有重要意义。

从服务社会的角度入手，研究市场热点，实现学校教育与企业运营的双赢，社会化营销就是一个很好的切入点。当前，旅游企业对社会化媒体的认识大多不够深入，存在两个极端：一种是还在依赖传统媒体渠道，对社会化营销并不认可；另一种则是试图抛弃传统媒体渠道，在投入并不多的情况下，想完全依靠社会化营销解决所有营销问题。为了解决这两个极端的问题，帮助这些企业科学应用旅游社会化营销手段，职业院校通过产教融合的方式建立旅游市场社会化营销体系的理论模型，指导旅游企业开展社会化营销已迫在眉睫。

当前，各旅游企业都在社会化营销方面发力，它们希望旅游职业院校培养的学生能够专业地使用微信公众平台、官方微博、博客以及其他社交媒体，为企业发布相关的产品和服务信息，利用社交媒体的粉丝关注效应和社群效应，帮助旅游企业提升品牌知名度，实现与客户甚至是潜在用户之间广泛的沟通，提升自己相关产品的销售量。

基于产教融合开展的社会化营销实践，在郑忠阳大师工作室的指导下，微谋实训营的创业团队为20多家旅游企业提供了社会化营销运营和品牌维护等服务。在此过程中，学生获得了实践机会，企业得到了教师的指导和学生作品的支持。校企双方合作成果显著，并已经形成了相对稳定的业务合作关系，企业对我们企业团队产生了人才需求与业务合作需求。而这一需求正是为实现校企双赢而建立的生产性实训项目的切入点，也是生产性实训的主要内容。以此实践为圆点，以现代学徒制为运行半径，在实训中可以将这种实训的内容和运行方式辐射和延伸到大部分旅游企业的经营项目中。

当前，我们已进入社会化媒体时代，旅游企业要求旅游人才培养必须直面创新的企业经营形式，其中社会化营销已经是企业运营的重要内容。针对当前旅游市场社会化营销业务的开展中表现出的同质化且不系统的问题，我们必须通过一种新的产教融合方式，为本地区的中小旅游企业建立一种新的旅游市场社会化营销体系。基于产教融合背景下的旅游市场社会化营销体系，与传统的营销体系有了很大不同，其理论模型可以表述为：以企业文化为核心，以产品文化为沟通内容，以体验为载体，以顾客分享为目标，合理采用社交工具，由创业学生参与并构建核心团队、全员营销团队、用户分享管理与客服团队，形成三级工作体系，构建相互衔接、分工协作的旅游市场社会化营销体系建设模型，如图6-1所示：

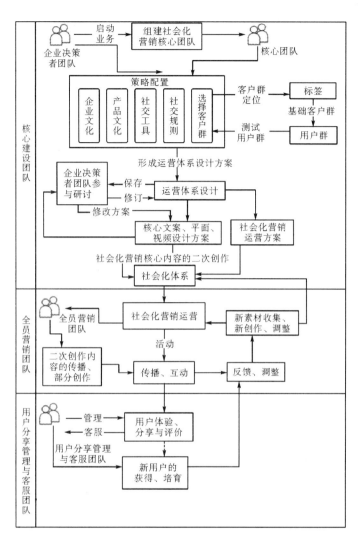

图 6-1 旅游市场社会化营销体系建设模型

这一社会化营销体系不仅具有常见营销体系的优势，而且因为产教融合的背景，具有了独特的延展性。目前的社会化媒体营销的目标主要集中在"提升品牌影响、增加顾客黏性、持续促进销售"三个方面，根据这三个基本目标，企业一般会侧重于多个不同的度量维度、选择度量指标，并通过评估各指标对三个目标的贡献，评价企业社会化媒体营销的效果。其中，评估指标常涉及曝光度、影响力、互动度、转化率等常见度量指标，度量指标体系是效果评价体系的具体参数来源。例如，通过微信公众号的粉丝数量、文章阅读量、评论数量、转发数量等，得出影响力指标得分等。但在应用了旅游职教"1+3"产教融合模型的社会化旅游市场营销的工作中，因为参与者中多了实习甚至是创业的学生，旅游企业的市场营销直接进入校园，使相关学生成为企业社会化营销的参与者。这一群体不断更新、逐渐走向社会，成为本行业的从业者，因此，他们能够把学校新的思想和理念带入行业中，成为行业内企业文化和业务关系的传播者。

参考文献

1. 傅远柏，罗家枝. 基于技能大师工作室的导游人才培养改革实践 [J]. 漫旅，2022 (4)：4-7.

2. 亢裕庆. 技能大师工作室建设实践与探索 [J]. 漫旅，2022 (12)：142-144.

3. 王莉莉. 高职院校建设技能大师工作室的实践探索 [J]. 高教论坛，2019 (11)：102-104.

4. 刘洪海，刘晓玲. 基于"工匠、工坊"模式的创业教育实践 [J]. 济南职业学院学报，2020 (4)：23-25.

5. 岑人宁，郑叶子. 基于"双主体"大师工作室条件下的旅游职业教育教学团队建设与探索 [J]. 对外经贸，2022 (2)：137-140.

6. 王伟雄. 校企协同背景下职业院校技能大师工作室建设内涵和创新思路研究 [J]. 职业，2018 (1)：24.

7. 杨伯松. 校企合作理论研究 [J]. 前卫，2022 (17)：146-148.

8. 郑忠阳，李莉思. 旅游职教中旅游社会化营销生产性实训资源的开发与研究 [J]. 对外经贸，2020 (11)：114-117.

9. 梁红静. 深化产教融合的人才培养模式 [J]. 市场调查信息（综合版），2022 (17)：90-92.

10. 石令明，傅昌德. 校企合作框架下的高职生产性实训 [J]. 教育与职业，2008 (9)：26-28.

11. 乔京禄. "校企双重属性"创意创新创业人才培养模式的实践探索：以常纺·加减（艺术设计）企业实训营为例 [J]. 创新创业理论研究与实践，2019 (13)：129-131.

后 记

　　新的职业教育法刚刚生效，而之前公布的旅游职业教育专业目录也发生了很大变化，职业教育迎来了新的发展机遇。产教融合正是职业教育发展最坚实的基础。

　　疫情后的文旅产业和旅游职业教育还会是原来的样子吗？文旅市场智慧化和智能化的趋势已经势不可挡，那么，文旅类企业的经营手段、工作流程、营销方式以及商务模型都将迅速改变，旅游职业教育也要迅速应对。旅游职教"1+3"产教融合模式有着比较好的适应性，希望本书的研究可以为旅游职业院校及相关文旅企业提供借鉴。

　　在完成本书写作的同时，我的工作室也开始了在智慧旅游方面产教融合的实践和探索。期待通过这一模式的应用，我和我的同事们能够在更多的院校建立联合工作室，创办更多的创新创业实训营，孵化更多的创业项目，制作出更多的生产性实训教学资源。我们也期待您的加入。